99 NÃO É 100

JOÃO PAULO
PREFÁCIO: GUSTAVO PAIVA

99 NÃO É 100

EM BUSCA DA OVELHA PERDIDA

Editora Quatro Ventos
Avenida Pirajussara, 5171
(11) 99232-4832

Todos os direitos deste livro são reservados pela Editora Quatro Ventos.

Proibida a reprodução por quaisquer meios, salvo em breves citações, com indicação da fonte.

Todas as citações bíblicas e de terceiros foram adaptadas segundo o Acordo Ortográfico da Língua Portuguesa, assinado em 1990, em vigor desde janeiro de 2009.

Diretor executivo: Raphael T. L. Koga
Editora responsável: Sarah Lucchini
Equipe Editorial:
Paula de Luna
Gabriela Vicente
Lucas Benedito
Revisão: Eliane Viza B. Barreto
Diagramação: Vivian de Luna
Capa: Vinícius Lira

Todo o conteúdo aqui publicado é de inteira responsabilidade do autor.

Todas as citações bíblicas foram extraídas da Nova Versão Internacional, salvo indicação em contrário.

Citações extraídas do site *https://www.bibliaonline.com.br/nvi*. Acesso em maio de 2020.

1ª Edição: Maio 2020
2ª Reimpressão: Setembro 2023

Ficha catalográfica elaborada por Geyse Maria Almeida Costa de Carvalho – CRB 11/973

P331 Paulo, João

99 não é 100: em busca da ovelha perdida / João Paulo.
– São Paulo: Quatro ventos, 2020.
208 p.

ISBN: 978-65-86261-01-1

1. Religião. 2. Vida cristã. 3. Crescimento espiritual.
I. Título.

CDD 231
CDU 27-1

SUMÁRIO

1. A dor de Deus pelos perdidos **21**

2. Tudo vale por uma alma **45**

3. A mensagem:
arrependimento vs. Cristo **67**

4. Por onde começo? **85**

5. Eu nasci para isso **101**

6. Aprendendo a ouvir "não" **121**

7. A luz nas trevas **145**

8. Quem são os evangelistas? **161**

9. Os últimos dias e a colheita de almas .. **183**

DEDICATÓRIA

Dedico esta obra aos meus pais, Paulo e Josilma; a toda a minha equipe do Céu na Terra; e a vocês que, assim como eu, desejam ardentemente participar da última e maior colheita de almas da História.

AGRADECIMENTOS

Quero agradecer aos meus pais, Paulo Leandro Dias e Josilma Alves Dias, por terem me impulsionado a escrever este livro. Vocês me ajudaram em dias de preguiça e cansaço.

A toda a minha equipe do Céu na Terra, por acreditarem em mim, e à Sarah Lucchini — Você teve um papel fundamental ao me ajudar a editar e revisar este projeto.

Obrigado a todos!

PREFÁCIO

Houve muitas profecias que diziam que, quando Jesus recolhesse Billy Graham, um grande avivamento de salvação se romperia nas nações. Então, quando Deus o chamou em 21 de fevereiro de 2018, eu O ouvi me perguntar: "Guga, com quantos anos o meu filho, Billy Graham, faleceu?". Eu Lhe respondi: "Noventa e nove, Senhor". E Ele me disse: "O que isso lembra a você?". Na hora, veio à minha mente o texto da ovelha perdida [que está em Lucas 15], em que o pastor deixou as noventa e nove no aprisco para ir atrás daquela que havia se perdido. Naquele momento, não ouvi mais nada de Deus, mas senti o meu coração queimando por uma colheita que ainda não tínhamos visto antes, por um avivamento, por salvações.

Depois disso, voltei os meus olhos para Lucas 15 e percebi que esse capítulo da Bíblia é avassalador no que diz respeito à colheita de almas que estamos prestes a viver. Jesus conta três parábolas que eu acredito estarem relacionadas a três níveis de colheita que teremos neste tempo: "A ovelha perdida", "A dracma perdida dentro de casa" e "O filho pródigo".

A colheita da Ovelha Perdida nos fala daqueles que não conhecem o caminho de volta ao aprisco, de volta à sua verdadeira casa. Estão perdidos nos medos, no ego, nos prazeres momentâneos da Terra, e, além de estarem esgotados, cansados e quebrados, eles não sabem o caminho de volta. Mas como eles chegaram até esse ponto? Não olharam para O Pastor, tomaram decisões sem consultar a Deus, andaram pela jornada de suas histórias sem qualquer possibilidade de colocar o Senhor no centro de suas vidas, ou, talvez, nunca tiveram a oportunidade de conhecer o Caminho. Eles olham para o lado e sentem-se perdidos, voltam-se para dentro de si e percebem que estão vazios, olham para o céu e se perguntam: "Existe alguém lá? Se sim, por que nunca veio até mim?". Essas ovelhas precisam de um pastor! Pastor esse que não opere apenas como um líder dentro de um prédio, mas como um peregrino do amor, que enfrente montes, vales, frio, calor, que desça até às regiões escuras e sombrias para achar aquele que se perdeu. Alguém que não tenha sua vida como preciosa para si, mas que, na verdade, é consumida pela paixão de não deixar nenhum se perder. Esse pastor é como John Knox, que passava noites em oração e clamava a Deus, dizendo: "Dá-me a Escócia, senão eu morro!". E Deus lhe deu a Escócia.

Dessa forma, essa primeira colheita é para aqueles que estão queimando de paixão pelo perdido, foram batizados com o fogo e a visão de Deus, e que não aceitam a possibilidade de perder qualquer um que seja. O seu grito é: "QUE NENHUM PEREÇA!".

A segunda colheita será a da Dracma Perdida. Essa parábola nos ensina que algo que tem valor e que deveria ter sido cuidado por quem lhe era responsável acabou se perdendo dentro da casa. Então, a mulher responsável pela dracma acendeu uma lamparina e varreu a casa até achá-la. Ou seja, essa colheita será daqueles que se perderam "dentro de casa". Talvez existam pessoas que até pertençam a uma igreja, frequentam os cultos aos domingos, mas ainda assim se sentem perdidas. Deus irá levantar uma geração de líderes que limparão a casa, trarão a luz para alcançar aqueles que estão lá, mas que continuam perdidos. Eu creio que essa colheita virá por meio de uma reestruturação da Igreja, pois não podemos continuar construindo estruturas que façam as pessoas se perderem em vez de se aproximarem de Deus.

Isso, porque, se observarmos, perceberemos que a História da Igreja está repleta de momentos em que a estrutura não revelava mais quem Jesus é. Mas quando limparmos a casa e trouxermos luz, acharemos as dracmas novamente. Hoje, o Brasil conta com mais de quatro milhões de "desigrejados", segundo os últimos dados do IBGE.[1] Não quero alegar de maneira

---

[1] **Brasil tem mais de 4 milhões de desigrejados, segundo dados do IBGE.** Publicado por *JM Notícia* em 21 de março de 2018. Disponível em *https://www.jmnoticia.com.br/2018/03/21/brasil-tem-mais-de-4-milhoes-de-desigrejados-segundo-dados-do-ibge/*. Acesso em maio de 2020.

nenhuma que o motivo desses números alarmantes seja apenas a necessidade de reforma das estruturas ou a falta de eficácia de muitos líderes que não mantiveram a casa limpa e iluminada. Porém, certamente, uma parte desse número e dessas dracmas perdidas se deve a isso.

Por fim, a terceira colheita será a do Filho Pródigo. Muitos entraram para a família, conheceram o Pai, estiveram em intimidade com Ele, mas pediram um tempo e se foram para longe, achando que nunca iriam se esfriar ou esquecer dos princípios que um dia aprenderam com seu Pai [princípios que, inclusive, são parte de sua herança].

Dentro disso, a diferença básica entre a Ovelha Perdida e o Filho Pródigo é que a ovelha não sabe o caminho de volta ou o trajeto para a casa, mas o filho sabe. Assim, esta última colheita acontecerá através de um batismo de arrependimento em meio ao "chiqueiro" da vida. Esses filhos pródigos se lembrarão da bondade do Pai para com seus servos e como é a vida na atmosfera de Sua casa.

Ainda nessa parábola, eu acredito que o olhar do pai, todos os dias, em direção ao horizonte, demonstra o amor incondicional pelo filho. E foi justamente a lembrança desse amor e bondade do pai que batizou o filho mais novo com arrependimento. Da mesma maneira, seja em boates, em prostíbulos, em baladas ou em qualquer lugar, haverá um batismo de arrependimento vindo sobre os pródigos deste tempo.

Por isso, prepare a festa, porque milhares estão prestes a voltar para casa. Que comece a maior colheita da História da humanidade.

GUSTAVO PAIVA
Pastor sênior da Igreja Internacional da Reconciliação; líder e fundador do movimento Nova Geração

INTRODUÇÃO

Hoje, muito mais do que nos séculos passados, estamos próximos de viver os últimos tempos na Terra. E não fundamento essa declaração com base em minhas convicções pessoais, mas apoiado em tudo o que já li nas Escrituras Sagradas. Em Mateus 24.14, Jesus disse que nos últimos dias o Evangelho seria pregado a todas nações e, então, viria o fim, o que significa que antes do final, Ele enviará os Seus filhos por todos os lugares e povos para a pregação das Boas Novas. E, aqui, não me refiro apenas aos missionários em tempo integral, mas a todos os que nasceram de novo e fazem parte da família de Deus. Isso quer dizer que, ainda que você esteja se preparando para ser um executivo, um professor, um *youtuber* ou médico, você, como filho(a) de Deus, tem a incumbência de manifestar e testemunhar a respeito do Reino dos Céus por onde quer que vá.

Quando isso estiver acontecendo plenamente, testemunharemos milhares de pessoas recebendo Jesus como Senhor e Salvador de um modo que nunca aconteceu em toda a História. Neste contexto, o desfecho da Igreja será glorioso, já que além do

Como eu faço para ganhar almas para o Senhor?

envio de missionários por todo o mundo e da colheita de almas, Jesus intensificará o seu preparo para as Bodas. Muitos casamentos deram errado, mas este não se encaixa nessa lista de fracassos. Cristo se casará com uma Igreja deslumbrante e apaixonada por Ele, e essas duas verdades estão entrelaçadas uma na outra. Por conta disso, torna-se inevitável essa mesma Igreja não crescer em amor pelos perdidos. O mundo está gemendo e gritando por socorro. Eles precisam conhecer o caminho que os levará à eternidade e ao noivo Jesus.

Assim, quando me deparo com todo esse cenário e entendo que, muito provavelmente, estamos nos últimos dias, isso me leva à empolgação e me traz um enorme senso de responsabilidade. No primeiro caso, porque viveremos a maior colheita de almas de todos os tempos, e, no segundo, porque se somos filhos de Deus, é inevitável não assumirmos o compromisso pela pregação e testemunho do Evangelho para as pessoas que ainda não conhecem as Boas Novas.

Por muito tempo, o Corpo de Cristo ficou apático e passivo em relação ao amor e à proclamação do Evangelho aos perdidos. Mas, nesses dias, Deus está convidando a Sua Igreja a sentir as dores de parto por almas, para que, assim, milhares de pessoas creiam em Jesus, nasçam de novo, e possam não somente entrar, mas desfrutar da família.

Certa vez, perguntei a Deus: "Como eu faço para ganhar almas para o Senhor?". Foi quando, Ele, calmamente, me respondeu: "É simples, tudo começa dentro de você. Da mesma forma como o nascimento de uma criança tem início no ventre da mãe. Primeiramente, o bebê é gerado dentro da barriga, para só depois nascer, crescer e se desenvolver".

No processo de gestação espiritual de novos filhos e filhas, o Senhor o levará, em primeiro lugar, a um amor tão profundo por almas, que você sentirá literalmente dores de parto e angústia por elas. Apenas assim você será capaz de encontrar e amar as ovelhas perdidas de Deus em sua escola, faculdade, trabalho, nas ruas, festas e em todo o mundo. O Senhor não precisa de nós, mas escolhe nos incluir em Seu plano de estabelecer o Reino na Terra.

> Tudo começa dentro de você. Da mesma forma como o nascimento de uma criança tem início no ventre da mãe. Primeiramente, o bebê é gerado dentro da barriga, para só depois nascer, crescer e se desenvolver.

Nas próximas páginas, conversaremos um pouco sobre a colheita de bilhões de almas que nos aguarda, a importância de o cristão estar inserido no meio da escuridão, o valor de uma vida, a mensagem que devemos pregar e a melhor maneira de anunciarmos o Evangelho às pessoas. Isso sem contar os testemunhos e alguns outros tópicos importantes dentro dessa temática.

Tenho certeza de que, ao longo desta leitura, você será levado a uma consciência e despertamento profundo a respeito do amor, compaixão e dores de parto por almas, para que, assim, você se torne uma bomba nas mãos do Senhor.

E aí, está preparado?

Capítulo 1

A DOR DE DEUS PELOS PERDIDOS

Foi no dia 17 de dezembro de 2015 que tive o meu primeiro encontro com o Senhor. Depois de quatro anos afastado d'Ele, afundado nas drogas, festas e criminalidade, fui radicalmente impactado por Deus e retornei à Sua casa. Nesse dia, tomado pelo amor do Pai, toda a minha culpa e condenação foram lançadas fora. O Seu sangue escorria para dentro de mim e começava a invadir todas as lacunas que ali estavam. Logo, tudo passou a fazer sentido. Foi assim que, finalmente, me senti leve de novo. Enquanto tudo aquilo se dava, aos poucos, eu ficava cada vez mais constrangido com a Sua graça e misericórdia, e se nada mais tivesse acontecido comigo naquele dia, já me sentiria grato a Ele pelo resto da minha

> Tomado pelo amor do Pai, toda a minha culpa e condenação foram lançadas fora.

vida. Mas como Deus ama superabundar Sua graça onde abundou o pecado, Ele me disse: "Peça algo a mim". Essa frase, naquele contexto, não tinha sentido algum. "Como, depois de tudo que eu fiz nesse tempo, o Senhor pode me dar a liberdade de pedir alguma coisa?", pensei eu.

Sinceramente, a resposta para esse questionamento não era nada óbvia para mim, principalmente por conta da situação em que me encontrava. Existiam várias possibilidades. Na época, eu tinha acabado de ser reprovado pela segunda vez no primeiro ano do Ensino Médio; minha mãe estava aprisionada pelo cigarro e meu pai tinha perdido todos seus bens em um estelionato. A verdade é que eu poderia pedir uma intervenção divina para alguma dessas situações, e, se o fizesse, acredito que ninguém me reprovaria. Porém, de repente, em meio aos meus pensamentos, ao tentar escolher a resposta certa, comecei a ouvir gritos muito altos e fortes, como se várias pessoas estivessem pedindo socorro. Somado a isso, o meu coração começou a apertar e uma angústia muito grande passou a tomar conta de mim; parecia que eu estava sentindo na minha pele exatamente a mesma coisa que os donos daquelas vozes. Não estava entendendo nada do que acontecia comigo, mas, logo em seguida, senti Deus me dizendo: "João, há muitas pessoas morrendo sem Me conhecer,

> Tudo passou a fazer sentido.

e esses gritos representam o pedido de socorro delas. O desespero só irá parar quando elas Me conhecerem".

Eu me lembro como se fosse hoje. Naquele momento, sentado na beira da minha cama e chorando muito, eu orei: "Deus, então eu peço para que o mundo O conheça! Leve-me até essas pessoas que estão gritando por socorro, porque eu quero falar do Senhor para elas". O que aconteceu foi incrivelmente instantâneo: assim que terminei a minha oração, a angústia e os gritos também cessaram. Em seguida, olhei para o chão e pude ver o resultado de todas as lágrimas que derramei; além disso, o meu corpo estava quente, e eu, completamente em choque com o que acabara de vivenciar. Era como se um furacão tivesse passado por mim.

Talvez você esteja lendo isso e se perguntando se essa experiência que tive com Deus é bíblica. E esse foi o mesmo questionamento que eu me fiz, minutos depois, enquanto ainda estava em meu quarto. Sempre fui muito racional e, nos quatro anos em que estive afastado do Senhor, fiquei ainda mais cético. Entretanto, enquanto pensava nisso, em meio às minhas dúvidas, me lembrei de uma EBD[1] que frequentei na igreja em que eu congregava quando criança. Naquele dia, especificamente, o professor tinha lido Gálatas 3, 4 e 5, e nos ensinou sobre a liberdade que um adolescente tem em Deus.

---

[1] Escola Bíblica Dominical (EBD) é um método de ensino bíblico que acontece semanalmente em igrejas de diversas denominações, com o intuito de promover ensino, evangelização e comunhão.

Sendo sincero, não havia prestado atenção em praticamente nada daquela aula. Aliás, se alguém me perguntasse o que ele lecionou naquela manhã, eu não saberia responder. Mas, ao lembrar desse ensinamento de Gálatas, algo estranho aconteceu comigo ainda em meu quarto. Na mesma hora, ouvi uma voz dentro de mim, dizendo: "Abra em Gálatas 4 e leia o versículo 19". Rapidamente, peguei a Bíblia, depois de anos sem manuseá-la, e abri na passagem:

> Meus filhos, novamente estou sofrendo dores de parto por sua causa, até que Cristo seja formado em vocês.

Eu não podia acreditar no que estava lendo. Foi tudo tão rápido, em uma fração de segundos experimentei algo como nunca antes. Eram muitas sensações e, ao mesmo tempo, sentia como se estivesse em transe. Novamente, comecei a chorar muito, afinal o que eu tinha vivido há poucos instantes estava ali, na Palavra de Deus. Meses depois do acontecido, comecei a estudar essa passagem, e passei a entender ainda mais o contexto no qual esse versículo foi escrito.

Paulo escreveu essa carta para os gálatas, que, em razão de algumas evidências, certos estudiosos afirmam ser os mesmos a quem o apóstolo havia evangelizado em sua primeira viagem missionária.[2] Isso me faz pensar no quanto Paulo deveria considerar cada uma

---

[2] **Bíblia de Estudo NVT**. São Paulo: Mundo Cristão, 2018, p. 1910.

daquelas pessoas. Ao receber a notícia de que a igreja que ele tinha levantado e fundamentado na Galácia estava se perdendo, voltando-se às práticas da Lei e, assim, não vivendo a partir da Nova Aliança em Cristo e Seu sangue, posso imaginar o seu pesar ao escrever o versículo 19. Em outras palavras, ao ler esta passagem, chego à conclusão de que, ao mencionar: "**novamente** estou sofrendo dores de parto por sua causa" (grifo do autor), muito provavelmente, Paulo estava se referindo às dores geradas em oração pela vida de cada um deles. Dentro disso, talvez, assim como eu uns anos atrás, você esteja se perguntando: "Mas como alguém pode sentir dores de parto por alguém?"; e a resposta é: amando!

No caminho do amor, uma hora ou outra, você esbarrará com a dor e o sofrimento. Isso, porque, quando amamos alguém, é inevitável não sofrermos diante de suas angústias, afinal, o amor nos leva a sentir o mesmo que aqueles que amamos. É claro, um amor que seja genuíno, gerado por Deus. Ao longo de toda a Bíblia, nós nos deparamos com homens e mulheres, como eu e você, que foram batizados no amor de Deus por almas. Um dos maiores exemplos disso é Moisés, que, em Êxodo 4, aceitou ser resposta de Deus ao clamor de socorro do seu povo.

Naquela época, o povo de Israel estava sendo assolado e escravizado pelos egípcios de forma muito cruel. Foi quando Moisés, em obediência a Deus e por amor ao seu povo, assumiu o posto de libertador e líder daquela multidão. Nem imagino o que tenha sido guiar milhões de pessoas (muitas delas, idólatras, pessimistas e ingratas) por quarenta anos em um deserto.

> Só pode livrar um povo da escravidão quem antes chorou pelo seu aprisionamento.

Mas os exemplos não param por aí. As Escrituras também nos contam sobre Neemias. Assim que ele ficou sabendo que as portas e os muros de sua cidade tinham sido destruídos, em vez de ficar apático diante da situação, se ajoelhou, orou e jejuou por seu povo. Então Deus, estendendo graça, levantou um reconstrutor de Jerusalém, e adivinhe quem foi? Ele mesmo, Neemias. O homem que orava e jejuava ao Senhor a favor de seu povo foi o mesmo que reedificou a sua cidade devastada.

Isso quer dizer que, antes de nos tornarmos libertadores ou reconstrutores de cidades, povos ou nações, Deus nos batizará em amor por almas. Só pode livrar um povo da escravidão quem antes chorou pelo seu aprisionamento. Só reconstrói os muros de uma nação quem primeiro lamentou a destruição deles. Deus está levantando libertadores de povos e nações em nossa geração. Existe um grito de socorro ecoando no mundo inteiro, e nós fomos chamados para responder a esses clamores, apresentando o Caminho, a Verdade e a Vida: Jesus!

Como nunca na História, creio que veremos missionários brasileiros sendo enviados por Deus ao mundo. Porém, antes do envio, Ele gerará nesses corações um amor profundo por almas. Os seus pés só chegarão aos lugares que forem, primeiro, regados com oração.

Daniel Nash, um norte americano nascido no século XVIII, após ter pastoreado uma pequena igreja nos Estados Unidos e ter sido rejeitado por sua própria comunidade, tempos mais tarde, tornou-se intercessor de Charles Finney, um dos maiores evangelistas da História. Segundo relatos do livro que conta sobre sua vida[3], Deus o conduziu por uma estrada de intercessão e dores de parto em favor das campanhas evangelísticas de Finney. Inclusive, dizem que grande parte do mover do Espírito Santo, das conversões intensas e do forte avivamento que aconteceu nos Estados Unidos nessa época deu-se graças às orações de Daniel Nash e alguns outros intercessores.

> Os seus pés só chegarão aos lugares que forem, primeiro, regados com oração.

Uma das coisas mais interessantes a respeito desse homem é que muitos nunca ouviram falar dele. Não apenas isso, mas de acordo com o que se tem de informação sobre Nash, ele nunca ministrou em grandes capitais, não escreveu nenhum livro, não

---

[3] RENO, J. Paul. **Prevalecendo com Deus em oração**. Americana-SP: Impacto Publicações.

liderou movimentos e nem realizou o que, para a maioria, seriam considerados como feitos notórios. Aliás, muito de seu ministério foi longe dos holofotes. Entretanto, foram as suas orações incessantes por Charles Finney que sustentaram este avivalista e muito do que aconteceu na América durante esse período.

Além dele, no mesmo século, na Inglaterra, nasceu um homem chamado George Whitefield, um dos precursores do avivamento britânico. Segundo estimativas, esse homem pregou cerca de mil vezes por ano durante 30 anos. Isso seria o equivalente a pelo menos 18 mil sermões e 12 mil palestras e exortações.[4] Além disso, ele foi essencial no processo de fundação da Universidade de Princeton (uma das mais renomadas do mundo), do Dartmouth College e da Universidade da Pensilvânia.[5]

Porém, mesmo sendo um pregador eloquente e cheio do Espírito Santo, a vida de Whitefield me faz chegar à conclusão de que seu ministério foi gerado em dores de parto e muita oração pelas pessoas que ele nem ao menos conhecia. "Se não queres dar-me almas, retira

---

[4] HAYKIN, Michael A. G. **The revived puritan**: the spirituality of George Whitefield (O puritano ressuscitado: a espiritualidade de George Whitefield). Ontario: Joshua Press, 2000.
DALLIMORE, Arnold. **George Whitefield**: the life and times of the great evangelist of the eighteenth-century revival (George Whitefield: a vida e o tempo do grande evangelista do avivamento no século 18) Vol. 2. Illinois: Cornerstone Books, 1979.
[5] Sermão de John Samuel Cagan, de 8 de janeiro de 2017. Disponível em *https://www.rlhymersjr.com/Online_Sermons_Portuguese/2017/010817PM_MethodOfGrace.html*. Acesso em janeiro de 2020.

a minha!", disse ele ao Senhor, certa vez.[6] Ninguém que cogita perder a própria vida, caso Deus não lhe entregasse almas, parece estar preocupado consigo mesmo ou com seu ministério. Pelo contrário, isso só me faz pensar no quanto esse homem deve ter investido tempo em oração incessante pelas pessoas, além de, literalmente, ter experimentado as dores de parto que Paulo mencionou em Gálatas.

Outro fato extraordinário a respeito desse pregador é que, de acordo com alguns cálculos, Whitefield passou mais tempo falando do que dormindo. Tanto é que, Henry Venn, um clérigo anglicano que era próximo dele, escreveu:

> Quem imaginaria que seria possível para uma pessoa falar no compasso de uma única semana (o que aconteceu por anos), em geral, 40 horas, e em muitas outras, sessenta, e assim, aos milhares; e após este trabalho, em vez de descansar, estava oferecendo orações e intercessões, com hinos e cânticos espirituais, como tinha por costume, em cada casa para a qual era convidado.[7]

---

[6] NASCIMENTO, Valmir. **O cristão e a universidade**: um guia para a defesa e anúncio da cosmovisão cristã no ambiente universitário. São Paulo: Vida Nova, 2016.

[7] PACKER, J. I. **The Spirit with the Word**: the reformational revivalism of George Whitefield (O Espírito com a Palavra: O avivamento reformista de George Whitefield), em: Honouring the people of God: the collected shorter writings of J. I. Packer (Honrando o povo de Deus: os escritos curtos selecionados de J. I. Packer). Vol. 4. Inglaterra: Paternoster Press, 1999.

Apenas o amor a Deus e às pessoas é capaz de fazer algo assim.

Semelhantemente à história desse general, existiu um homem chamado John Knox. Ele foi um reformador da Igreja na Escócia no século XV e, segundo relatos históricos, clamou: "Deus, dá-me a Escócia ou eu morro". Resultado disso? Sua nação foi abalada pelo poder do Senhor. Não apenas isso, mas Knox propôs uma série de melhorias para a educação em seu país. Na verdade, ele se preocupava com ela tanto quanto a formação religiosa. Em razão disso, lutou para que as igrejas tivessem professores de instrução primária que ensinassem latim e gramática, e que as grandes cidades fundassem colégios:

> [...] No qual as artes, pelo menos lógica e retórica, juntamente com as línguas, sejam estudadas por mestres capazes, para quem se deve destinar um salário honesto; bem como provisão para aqueles que são pobres, e não são capazes de por si mesmos, ou pela caridade de alguém, manterem-se nos estudos.[8]

O projeto desenvolvido por ele, que compreendia desde os primeiros anos de escolaridade até o ensino universitário, foi apresentado ao governo, mas só foi implantado com totalidade no final do século XIX.

---

[8] CAMERON, James K. **The first book of discipline**. Glasgow: Covenanters Press. 2005.

Porém, apesar disso, as suas ideias foram extremamente cruciais no desenvolvimento e implantação do sistema educacional na Escócia. Tanto que, antes disso, em nenhum outro lugar do mundo foram pensadas e discutidas inovações tão inclusivas na educação. O que esse homem de Deus apresentou, portanto, foi o incentivo à garantia de direitos iguais para todos na educação, um avanço completamente inusitado até então.[9]

Por conta dessas e outras histórias, eu me pego pensando no ponto em comum entre todas elas: tudo começa com as dores de parto pelas pessoas.

Muitos me perguntam: "João, como o Céu na Terra começou?". Fico feliz em poder responder que tudo teve início com dores, angústia e muitas, mas muitas lágrimas. Fazia dois meses e meio que eu tinha me convertido de forma genuína, quando senti um senso de urgência em levar Jesus para os meus amigos. Obviamente, de cara, pensei: "Se eu os convidar para a igreja, certamente eles

> Naquele dia, sem muita oratória ou até mesmo profundidade na Palavra, apenas com o desejo enorme de apresentar Cristo aos meus amigos, eu preguei para eles e todos aceitaram Jesus.

---

[9] NASCIMENTO, Valmir. **O cristão e a universidade**: um guia para a defesa e anúncio da cosmovisão cristã no ambiente universitário. São Paulo: Vida Nova, 2016.

não irão". Então, combinei de encontrá-los em uma estação de metrô de uma cidade vizinha à minha para trocar uma ideia e aproveitar a oportunidade para pregar o Evangelho. Contudo, o que era para ser um encontro informal acabou se tornando um culto. Naquele dia, sem muita oratória ou até mesmo profundidade na Palavra, apenas com o desejo enorme de apresentar Cristo aos meus amigos, eu preguei para eles e todos aceitaram Jesus. Foi simples, mas muito poderoso. Ao final, combinamos de nos reunir novamente na semana seguinte e trazer novos amigos para ouvirem o Evangelho. Assim, de quatro pessoas, passamos para oito, depois 32, 64, 127 e continuou crescendo. Só demos o nome "Céu na Terra" após quatro meses de reuniões constantes, e foi assim que nos tornamos um movimento evangelístico.

> Precisamos que a revelação de que somos amados por Ele seja renovada todos os dias.

Nessa época, pregávamos de segunda a segunda. A maioria tinha acabado de se formar no colegial, como não trabalhávamos nem estudávamos, e estávamos em processo de entrar na universidade, tínhamos tempo para focar e investir em evangelismo nas ruas. Mas o mais incrível disso tudo é poder enxergar que, apesar de todos esses anos, algo não mudou: as orações, lágrimas, dores de parto e amor por cada uma das pessoas, sejam elas conhecidas ou não. Acredito grandemente que não existe possibilidade de pregar aos outros se, primeiro, não amarmos e clamarmos por eles. Todas as reformas sociais, mudanças de mentalidade, avivamentos e derramar do Espírito Santo ao longo da História foram gerados em oração e lágrimas. É por conta disso que, desde já, convido você a orar para que Deus gere em seu coração um amor profundo por almas. Está preparado?

ELE ME AMA, ENTÃO EU AMAREI

Dentro desse assunto, é importante analisarmos dois fundamentos que devemos cultivar antes de sair pelo mundo anunciando Cristo. Provavelmente, o seu coração foi incendiado ao ler a primeira parte deste capítulo, e eu realmente espero que isso tenha acontecido. Mas não podemos nos esquecer do principal fundamento, tanto na vida cristã quanto nesse processo de evangelismo: o nosso relacionamento com Deus.

Nós só seremos capazes de queimar de amor por Jesus e ter propriedade para sair pelo mundo se antes entendermos que somos amados por Ele. Quanto mais sentirmos e compreendermos que somos amados, mais a nossa autoridade ao falar sobre Seu amor crescerá; isso é óbvio. Porém, não basta recebermos do amor divino apenas quando aceitamos a Jesus e corremos para um apelo de conversão. Precisamos que a revelação de que somos amados por Ele seja renovada todos os dias.

Isso significa que nós, os encarregados de mostrar e testemunhar ao mundo sobre o amor de Jesus, não podemos IR sem antes PERMANECER. Ou seja, o "ide" vem depois do "permanecer". Tanto é que os discípulos só foram enviados após permanecerem três anos com Jesus. Nesse período, o Mestre pôde mostrar e ensinar não somente sobre o Reino, milagres e maravilhas, mas, principalmente, a respeito do amor do Pai por eles, e foi isso que realmente os habilitou para fazer o que foram chamados por Deus para realizar.

O próprio Jesus, nosso maior modelo, só iniciou o Seu ministério depois que foi batizado por João Batista. Não apenas isso, mas ao sair das águas, Ele mesmo ouviu uma voz dizendo: "Este é o meu filho amado, em quem me comprazo" (Mateus 3.17 – ARA). Essa passagem sempre me faz refletir, afinal, Deus Pai poderia ter dito qualquer outra coisa para o Seu Filho: "Você mudará o mundo", "Nós vamos longe juntos", ou até mesmo: "Este é Jesus, Aquele que fará maravilhas entre vocês". Mas, em vez disso, o Senhor Lhe disse: "Você é amado por Mim". Essa experiência fundamentou o Salvador para tudo aquilo que Ele viveu dias, semanas, meses e anos depois.

Além disso, Jesus nos ensinou com a Sua própria vida que, em meio à missão e às atividades da nossa rotina, precisamos nos retirar para um ambiente onde iremos nos deleitar n'Ele e em Seu amor. Um lugar onde escutaremos a maior verdade que existe: somos amados

> Não podemos IR sem antes PERMANECER.

por Deus! Existem diversas passagens bíblicas que mostram Cristo se retirando para orar entre Seus vários afazeres. Ele não tinha problema nenhum em despedir a multidão, os Seus discípulos, ou quem quer que fosse, para ficar a sós com o Pai.

A Bíblia não relata como eram os momentos de devoção e intimidade entre Jesus e Deus Pai, mas eu acredito firmemente que, durante suas conversas, o Pai certamente reafirmava a identidade, a missão e o propósito do Filho aqui na Terra. Sendo assim, precisamos ser como Cristo e seguir o Seu exemplo, pois se não abraçarmos esse entendimento, falharemos em nossa missão, tornando-nos ativistas, e não filhos com um chamado. Os ativistas fazem muito, mas não carregam propósito em suas ações, e quando essa atividade prossegue sem uma razão específica, divina e muito intencional, nós nos cansamos e paramos.

Certo dia, ouvi de um amigo da Jocum[10] que o ministério mais vulnerável à ação maligna, e que mais tem levado pessoas a se desviar, é o dos evangelistas. Mas, por que isso acontece? Justamente por se tornarem ativistas e se esquecerem do principal, que é o relacionamento diário com o Senhor.

Em minha opinião, um dos maiores desafios da nossa geração é saber desacelerar. É claro que existem momentos em que precisamos ir para cima,

---

[10] Jovens Com Uma Missão (Jocum) é um movimento internacional e interdenominacional que tem como objetivo mobilizar jovens de todas as nações para a obra missionária.

mas quando avistamos a curva, temos de frear, senão nos acidentaremos. Assim também devemos levar o relacionamento com Deus e nosso serviço a favor do Reino em consideração.

Amo pregar o Evangelho nas ruas e pelas nações da Terra, mas melhor ainda é estar aos pés de Cristo. Como meu lugar de oração e contemplação, utilizo um bosque muito bonito que fica bem do lado da minha casa. Nesse ambiente, eu posso ser completamente transparente. Enquanto estou ali, eu não falo praticamente nada, apenas ouço e O contemplo.

Ao longo desses quatro anos de caminhada com Jesus, em certas ocasiões, já senti um fardo pesado demais, e é impressionante: todas as vezes que era tomado por essa sensação, eu tinha deixado o bosque de lado. Por isso, quero encorajar você a construir um lugar de contemplação e oração com o Senhor. Um local onde você se despirá de tudo o que o mundo e as pessoas lhe forçaram a "vestir".

Todo final de ano, antes de viajar com os meus amigos para nos divertirmos em algum lugar, eu vou sozinho para a Chapada dos Veadeiros[11] e fico alguns dias lá, apenas ouvindo e contemplando o Senhor. Esses poucos dias em que permaneço a sós com Ele, por incrível que pareça, recarregam-me para o ano inteiro.

---

[11] A Chapada dos Veadeiros é um parque nacional localizado no nordeste do estado de Goiás, entre os municípios de Alto Paraíso de Goiás, Cavalcante, Teresina de Goiás, Nova Roma e São João d'Aliança.

Entrego a Ele todos os fardos que estou carregando, que não são meus, e fico livre ao pegar o Seu fardo, que é leve e suave.

CAÇANDO A PRESENÇA DE DEUS

Por outro lado, quando falamos de relacionamento com Deus, muitos acabam se frustrando por pensar ser algo difícil demais, ou até mesmo inalcançável, já que, inevitavelmente, acabam se comparando com pessoas que julgam ser muito espirituais. É claro que, quanto mais tempo passamos com Deus, mais temos fome d'Ele. Mas se você está começando agora, não se cobre tanto, valorize os pequenos começos. Ninguém (ou praticamente ninguém) que não tenha o costume de orar ou ler a Bíblia diariamente conseguirá passar três ou quatro horas fazendo isso logo de início. Comece devagar, um pouquinho de cada vez. Porque, nesse processo, o mais importante é a constância.

> O nosso alvo não deve ser as outras pessoas, mas Jesus.

Então, conforme você passar tempo com Deus e O conhecer mais, começará a entender que isso não tem a ver com um ritual obrigatório, chato e maçante, mas com um encontro entre amigos, e é dessa forma que os nossos momentos com Ele se tornam a parte mais incrível do dia. Não é diferente de quando conhecemos uma pessoa e iniciamos uma amizade. Existe um processo e, pouco a pouco, quanto mais nos aproximamos, mais passamos a entender, amar e querer estar com esse alguém.

Porém, dentro disso, vale mencionar também que, infelizmente, muitas pessoas se frustram por olharem a espiritualidade de alguns e pensarem que nunca atingirão esse nível. Mas isso só acontece porque estão com a perspectiva errada. O nosso alvo não deve ser as outras pessoas, mas Jesus. Olhe para o Senhor e deixe que Ele mesmo o ensine a desenvolver esse relacionamento, que é pessoal e único. Essa intimidade com Deus não vai se parecer com a de ninguém, porque não existe outro no mundo completamente igual a você. Por isso, permita-se ser guiado por Ele nesses momentos. Dessa maneira, você passará a compreender que existe algo exclusivo, que apenas você poderá entregar para o Senhor. Entretanto, isso não quer dizer que não podemos nos espelhar naqueles que têm mais experiência na fé do que nós.

Algo que me estimulou muito em minha caminhada cristã foi conhecer a história de grandes reformadores e avivalistas da Igreja; pessoas que dedicaram suas vidas a uma caça incessante à presença de Deus. Essa busca era fundamentada em leitura da Palavra, oração e jejum, e eram justamente esses encontros com o Senhor que geravam em seus corações as dores de parto e o entendimento de serem muito amados por Ele.

O que sempre me impressiona nisso tudo é que toda a busca e anseio por mais de Deus não resultou apenas em benefícios para suas próprias vidas, mas impactou diretamente o relacionamento com Deus de milhões de pessoas, que conheceram o Senhor por meio deles. John Wycliffe, Ulrich Zwinglio, Jan Huss, Martinho Lutero, João Calvino, Jacob Arminio, John Wesley, George Whitefield, William Wilberforce, John Knox, Charles Finney, Kathryn Kuhlman e Billy Graham são apenas alguns dos generais na fé que me ensinam muito. Indico, de verdade, que você estude mais sobre eles.

> Agora, largue suas desculpas de lado e abra a sua Bíblia, porque Ele anseia por Se revelar e falar com você.

Nações, como Inglaterra, Estados Unidos, Escócia, França e Alemanha foram completamente impactadas e transformadas através desses homens e mulheres. Eles, literalmente, viraram o mundo de cabeça para baixo, igual aos homens de Atos 17:

> Contudo, não os achando, arrastaram Jasom e alguns outros irmãos para diante dos oficiais da cidade, gritando: "Esses homens, que têm causado alvoroço por todo o mundo, agora chegaram aqui". (Atos 17.6)

Tudo isso aconteceu porque eles caçavam a presença de Deus. Como um exemplo, o tempo que, hoje, ficamos no celular, eles utilizavam para se trancarem com o Senhor em seus quartos. A comunhão que tinham com Ele era real e profunda.

Certo dia, li em algum lugar que Martinho Lutero amanhecia lendo a Bíblia e dormia fazendo a mesma coisa. Se o Espírito Santo não se revelasse nas Escrituras diariamente, ele ficava sem comer e beber nada, até que tivesse um encontro com Deus na Palavra. Isso é chocante. Precisamos almejar ter uma comunhão com o Senhor assim e regar o nosso relacionamento com Ele a partir desses três fundamentos básicos da fé cristã.

Na minha concepção, a Palavra nunca foi tão deixada de lado como acontece hoje. Não existe pregação do Evangelho sem Bíblia. Deus não respalda nem Se manifesta em uma pregação herética ou vazia. Afinal, o poder não está em nós ou em nossas frases de efeito, mas em Sua Palavra. Quanto mais lermos a Bíblia, mais O conheceremos, e, consequentemente, melhor O apresentaremos para aqueles que nos cercam. Quando abrimos as Escrituras, Deus está falando conosco; isso é muito precioso. Não podemos viver sem ouvir a Sua voz. Agora, largue suas desculpas de lado e abra a sua Bíblia, porque Ele anseia por Se revelar e falar com você.

> o Evangelho não é de graça, ele custa tudo.

Além disso, também não podemos nos esquecer da oração, pois ela não é menos importante do que as Escrituras Sagradas. Certa vez, um homem perguntou para A. W. Tozer: "O que é mais importante: ler a Palavra de Deus ou orar?". E ele respondeu: "O que é mais importante para um pássaro, a asa da direita ou a da esquerda?"[12]. Não tem como escolher um em detrimento do outro. Quando abrimos a Bíblia, Deus fala conosco, mas quando oramos, tanto Ele quanto nós falamos. Junte os dois e você se tornará como uma bomba.

Já o jejum é uma arma que Deus nos deu para ficarmos ainda mais sensíveis a Sua voz e, assim, recebermos direções e manifestações do Céu a respeito de situações específicas. Muitos tratam o jejum como uma barganha com Deus, mas essa definição está longe de ser o que ele representa. Quando nos abstemos de certos alimentos ou refeições, matamos a nossa carne e nos tornamos mais alertas às coisas do Espírito.

Não temos como fugir. Não existem atalhos para uma comunhão profunda com o Senhor. Não é possível terceirizar o relacionamento com Ele, e esses homens e mulheres de Deus que citei durante este capítulo entenderam isso muito bem.

Portanto, escolha sair da inércia, não seja apático, pare de se mover pelo que é *hype* e se posicione para ser um caçador genuíno da presença de Deus. Ao fazer isso, você entenderá que, diferentemente do que muitos pensam, o Evangelho não é de graça, ele custa tudo.

---

[12] TOZER. A.W. **Dia a dia com Tozer**: devocional diário. Curitiba: Publicações Pão Diário. 2016.

Antes de você passar para o próximo capítulo, eu gostaria de fazer um convite. Sem oração é impossível sermos efetivos, capacitados e transformados para realizar seja o que for. Nada no mundo físico pode acontecer se antes não for construído no mundo espiritual.

Enquanto escrevia este livro, senti o Espírito Santo me levando a acrescentar orações intencionais ao fim de cada capítulo. Não só isso, mas, assim como mencionei nestas primeiras páginas, antes de sairmos para pregar o Evangelho, Deus quer nos batizar em amor pelos perdidos, e talvez nenhuma prova de amor seja maior do que o ato de orar e chorar por alguém. Neemias, como comentei também, é um homem que me ensina muito a esse respeito. A Palavra nos diz que ele orou, jejuou e chorou por seu povo (Neemias 1.4). Que as nossas orações sejam regadas de lágrimas, de amor e dores de parto por aqueles que desejamos que conheçam a Deus.

Neste momento, eu gostaria de convidar você a parar a leitura, procurar um lugar para ficar a sós e orar. Não prossiga sem antes fazer isso, por favor. Deixarei aqui uma oração para que você repita, caso lhe faltem palavras:

Deus, estou aqui, a sós com o Senhor. Eu sei que muitas pessoas estão morrendo diariamente sem O conhecer; sei também que existem muitos que estão gemendo por socorro, então me dê amor pelas almas para que eu não viva um dia sequer sem falar do Senhor e do Teu amor, por favor! Coloque em mim dores como as de parto por elas! Eu quero sentir o que eles estão sentindo! Em nome de Jesus, amém.

Capítulo 2

TUDO VALE POR UMA ALMA

Qual é o valor de uma vida? Existe um custo para uma alma? Se sim, quanto? Bom, a única pessoa que pode nos responder essas perguntas com autoridade é Jesus Cristo, afinal Ele comprou todas as pessoas da Terra para Si mesmo e pagou um preço altíssimo. E esse pagamento não foi feito com cédulas ou objetos, mas com a Sua própria vida.

Em 1 Coríntios 6, Paulo discorre exatamente sobre isso:

> Vocês foram comprados por alto preço. Portanto, glorifiquem a Deus com o seu próprio corpo. (v. 20)

Com Sua própria vida, Jesus pagou o resgate de cada ser humano que estava a caminho do inferno, e se Alguém nos comprou por meio de um sacrifício tão grande, isso significa que somos valiosos. Nós custamos a vida de Cristo pendurado no madeiro. Que constrangedor! Ao compreender esse simples princípio, fica mais fácil perceber o valor de uma alma, e como é possível fazer de tudo para alcançá-la, mesmo que seja por apenas uma. E quando eu digo tudo, é tudo, acredite.

Creio que seja de grande importância sabermos disso, porque, se de fato quisermos nos tornar propagadores do Evangelho no mundo, precisaremos, se for necessário, fazer de TUDO pelas almas.

Eu passei a ter esse entendimento e compreender esse princípio no final de 2017. Naquela época, Deus começou a nos pedir, como equipe Céu na Terra para entrar em bares, boates e festas da nossa cidade. No início, eu relutei e questionei, porque pensava: "Quem irá querê-lO em uma festa?". Mas, por fim, Deus silenciou todas as minhas queixas e nos enviou a esses lugares.

Da primeira vez, fomos a uma boate. Entramos, e logo de cara já nos sentimos bem presos, já que não era um ambiente que estávamos acostumados a frequentar. Inclusive, algumas pessoas da nossa equipe tinham crescido na Igreja e nunca tinham frequentado um lugar como aquele, diferentemente de mim, que passei a minha adolescência em locais assim. Se eu estava me sentindo daquela maneira, imagino como estava sendo para eles.

Logo que entramos, pedimos uma espécie de mesa e um combo de água e Red Bull para bebermos.

Enquanto as pessoas dançavam, bebiam, se drogavam e se prostituíam, lá estávamos nós, observando. Porém, nada estava fluindo, nem mesmo o próprio evangelismo. Parecia que aquela seria uma das piores noites das nossas vidas. Mas o "de repente" de Deus aconteceu, assim como em Atos 2.1-2:

> Chegando o dia de Pentecoste, estavam todos reunidos num só lugar. **De repente** veio do céu um som, como de um vento muito forte, e encheu toda a casa na qual estavam assentados. (grifo do autor)

Da mesma maneira que, **de repente**, aconteceu o derramar do Espírito sobre aqueles homens, milhares de anos atrás, foi conosco também. Quando menos esperávamos, o Espírito Santo veio sobre nós e começou a compartilhar palavras de conhecimento sobre aqueles que Ele queria encontrar; eram pessoas que estavam lá, a poucos metros de nós.

Enquanto uma menina dançava na minha frente, o Espírito Santo me mostrou uma espécie de placa em cima da cabeça dela. Nessa placa, estava escrito: "pura". Levei um susto gigantesco. Apesar de saber que Deus estava direcionando aquela palavra a ela, minha mente religiosa não me permitia enxergá-la daquela maneira. "Como uma

> Tudo vale por uma alma. Faça-se de louco e a traga para Mim.

menina dançando desse jeito e fazendo tudo isso pode ser pura?", pensei imediatamente. Foi quando escutei: "Ela não é aquilo que faz nem o que fez, ela é o que Eu determinei na cruz há mais de 2000 anos. Ela é pura como uma flor no Meu jardim, e precisa saber disso hoje". No mesmo instante, arrepiei-me por inteiro e meus olhos se encheram de lágrimas. Deus tinha acabado de confrontar a religiosidade que existia em mim. Fiquei observando aquela moça por alguns minutos. Agora, estava pensando em como falaria isso para ela. Então, Deus me disse: "João, tudo vale por uma alma. Faça-se de louco e a traga para Mim". No mesmo instante, eu me lembrei de 1 Coríntios 9:

> Porque, embora seja livre de todos, fiz-me escravo de todos, para ganhar o maior número possível de pessoas. Tornei-me judeu para os judeus, a fim de ganhar os judeus. Para os que estão debaixo da Lei, tornei-me como se estivesse sujeito à Lei (embora eu mesmo não esteja debaixo da Lei), a fim de ganhar os que estão debaixo da Lei. Para os que estão sem lei, tornei-me como sem lei (embora não esteja livre da lei de Deus, e sim sob a lei de Cristo), a fim de ganhar os que não têm a Lei. Para com os fracos tornei-me fraco, para ganhar os fracos. Tornei-me tudo para com todos, para de alguma forma salvar alguns. Faço tudo isso por causa do evangelho, para ser coparticipante dele. (vs. 19-23)

Aqui, Paulo revela um dos segredos do seu ministério: fazer de tudo para ganhar o maior número

> Primeiro, criamos essa ponte e, então, pregamos o Evangelho.

de almas possíveis. E ele só agia assim porque amava a Deus acima de tudo e o próximo como a si mesmo. O apóstolo, além de viver essa passagem, também ensinava seus discípulos a fazerem isso. Tanto que, no seu discipulado com Timóteo, Paulo fez com que ele se circuncidasse para que os judeus o escutassem:

> Chegou a Derbe e depois a Listra, onde vivia um discípulo chamado Timóteo. Sua mãe era uma judia convertida e seu pai era grego. Os irmãos de Listra e Icônio davam bom testemunho dele. Paulo, querendo levá-lo na viagem, circuncidou-o por causa dos judeus que viviam naquela região, pois todos sabiam que seu pai era grego. (Atos 16.1-3)

Os judeus não iriam sequer se relacionar com Timóteo se ele não fosse circuncidado. Paulo era esperto e sabia disso. Assim, o discípulo circuncidou-se para criar um elo e conexão indiscutível com os judeus, a fim de que eles o ouvissem falar de Cristo. Ele foi levado e exposto à dor física por amor às almas. Isso é demais!

Mas a questão é: por que Paulo se fazia de louco, grego, judeu, livre, sábio ou fraco? Para ter um ponto de conexão com todos esses grupos e poder ganhá-los para Jesus. Primeiro, criamos essa ponte e, então, pregamos o Evangelho.

Quando, naquela festa, eu me lembrei dessa passagem, descobri que para que aquela moça tivesse contato com o Evangelho, eu teria de arriscar a minha reputação terrena. De que forma? Bom, se ela estava dançando, eu teria de dançar também. Eu me lembro até da música: era eletrônica, no estilo *house*. Esperei ela ficar sozinha e me aproximei, dançando. Minutos depois, pedi para conversar com ela no piso debaixo da boate; ela aceitou. Enquanto descíamos a escada, o Espírito Santo me disse o nome dela: "Beatriz[1], mas chame de Bia, era como Eu a chamava quando ela era criança". Ouvindo isso, peguei o gancho: se Ele a chamava assim, significa que ela O conhecia e estava afastada. Quando chegamos lá embaixo, compartilhei com ela o que tinha visto, e, na hora, ela começou a chorar. Pouco depois, dentro daquela conversa, a Bia aceitou voltar para Jesus. Se eu não tivesse dançado com ela, não teria tido nenhuma afinidade para convidá-la para descer. Naquele dia, descobri na pele o que Paulo escreveu aos coríntios: tudo vale por uma alma!

Alguns homens entenderam isso em meio ao século XVIII na Alemanha. Eles começaram a viver de forma radical, indo atrás das ovelhas perdidas do Senhor. Eram conhecidos como moravianos. Naquela época, iniciaram um movimento de oração, 24 horas por dia, sete dias por semana, que durou quase 100 anos. Porém, não parou por aí. É claro que tudo começou

---

[1] Nome fictício para proteção da personagem.

com suas orações incessantes, mas eles entenderam que precisavam ser as respostas para o que clamavam.

Certo dia, dois jovens moravianos, de aproximadamente 20 anos de idade, ouviram falar a respeito de uma ilha próxima à Índia, que pertencia a um agricultor britânico. Segundo relatos, ele tinha capturado mais de 2.000 pessoas das florestas africanas e transformado todas elas em escravas. Ao se depararem com essa notícia, esses dois moravianos chegaram à conclusão de que, a menos que algo fosse feito, essas pessoas viveriam e morreriam sem nunca ouvir falar de Cristo; ainda mais depois de descobrirem que o dono da ilha era ateu.

Então, os dois, entrando em contato com aquele agricultor, perguntaram-lhe se poderiam visitar o local como missionários. Em resposta, ele disse: "Nenhum pregador ou clérigo chegará a essa ilha para falar sobre essa coisa sem sentido". Após aquela resposta, decidiram orar e, assim, receberam uma nova estratégia. Voltaram a falar com o dono e propuseram: "E se fôssemos à sua ilha como escravos para sempre?". A história conta que o homem aceitou, mas disse que não pagaria nem o transporte deles até lá, o que fez com que ambos acabassem usando o valor de sua venda como escravos para bancar a viagem.

> Eles realmente não brincavam de ser crentes, eram radicais quando o assunto era almas.

Assim que o acordo foi feito e o dia do embarque definitivo para a ilha havia chegado, todos do grupo de oração e familiares se despediram de maneira intensa, uma vez que nunca mais veriam os dois jovens novamente. Ao entrarem no navio e se afastarem um pouco do porto, os relatos contam que ambos se abraçaram e gritaram: "Que o Cordeiro, que foi morto e imolado, receba de nós a recompensa de Seu sacrifício"[2]. Eles realmente não brincavam de ser crentes, eram radicais quando o assunto era almas.

Os moravianos entenderam o que Paulo escreveu em 1 Coríntios 9 e, por isso, foram capazes de se vender como escravos para ganhar aquela ilha para o Senhor Jesus. E essa paixão não parou nesses jovens. Os cristãos moravianos viveram de forma tão intensa, que impulsionaram John Wesley a buscar e conhecer mais a Deus. E foi baseado no modelo que Wesley viu em uma visita para conhecer o trabalho que os morávios faziam que o metodismo foi desenvolvido.

> A necessidade de conforto e de uma boa reputação deve ser jogada no lixo.

Isso, porque os moravianos eram tão efetivos e conscientes a respeito de seu papel como cristãos,

---

[2] JOVENS Moravianos. **Voltemos ao Evangelho.** Disponível em *https://voltemosaoevangelho.com/blog/2009/08/jovens-moravianos/*. Acesso em fevereiro de 2020.

que não se limitavam apenas às reuniões de oração ou pregação da Palavra, mas se engajavam também no desenvolvimento econômico e social dos lugares onde estavam inseridos. Além disso, segundo Kenneth Mulholland, um renomado professor de teologia americano: "Os morávios foram os primeiros cristãos a colocar em prática a ideia de que a evangelização dos perdidos é dever de toda a Igreja, não apenas de uma sociedade ou de alguns indivíduos"[3].

Deus está convidando Sua Igreja a viver como eles. Se queremos ganhar milhares de almas para Jesus, precisamos ser radicais e entender que a necessidade de conforto e de uma boa reputação deve ser jogada no lixo. Não podemos esperar ser glorificados ou recompensados aqui na Terra, afinal nossa glória é, e sempre deve ser, Cristo. Em outras palavras, se desejamos, de fato, seguir o propósito para o qual fomos criados originalmente, é fundamental valorizarmos mais a Jesus e o que é importante para Ele do que aquilo que queremos ou mais priorizamos na vida. Temos de aprender a negar a nós mesmos, tomar a nossa cruz e O seguir, assim como diz em Mateus 16:

---

[3] VIDA mudada. Igreja reavivada. Mundo evangelizado. **Paralelo 10**. Disponível em *http://ultimato.com.br/sites/paralelo10/2013/06/vida-mudada-igreja-reavivada-mundo-evangelizado/*. Acesso em fevereiro de 2020.

> Então Jesus disse aos seus discípulos: "Se alguém quiser acompanhar-me, negue-se a si mesmo, tome a sua cruz e siga-me. Pois quem quiser salvar a sua vida, a perderá, mas quem perder a vida por minha causa, a encontrará. Pois, que adiantará ao homem ganhar o mundo inteiro e perder a sua alma? Ou, o que o homem poderá dar em troca de sua alma? Pois o Filho do homem virá na glória de seu Pai, com os seus anjos, e então recompensará a cada um de acordo com o que tenha feito. Garanto-lhes que alguns dos que aqui se acham não experimentarão a morte antes de verem o Filho do homem vindo em seu Reino". (vs. 24-28)

Pouco antes do Carnaval de 2020, me levantei decidido a ir atrás de almas para o Senhor. Naquele momento, não pensei em dificuldades, conforto, reputação e nada que pudesse minar o desejo e impulso que havia recebido do Céu. Liguei para alguns evangelistas do Céu na Terra, compartilhei o que tinha sentido, e eles abraçaram a ideia. Enquanto me vestia para ir ao local a que o Espírito Santo havia me direcionado, Ele me disse: "Hoje será um dia em que você precisará de muita coragem e ousadia, e Eu estou depositando tudo isso em você para essa missão. Quero que Me traga menores infratores que estarão nos blocos de Carnaval". Na mesma hora, meu coração acelerou, mas aceitei.

Diante dessa orientação do Espírito, eu me vesti como se fosse um dos "manos" para criar uma conexão com eles. Chegando lá com o pessoal que me acompanhava, nos dividimos em equipes, e eu fiquei com um amigo chamado Jorge[4]. No lugar, havia milhares de pessoas, muitas delas se drogando e bebendo intensamente. No instante em que me deparava com tudo aquilo, dores de parto e muita angústia passaram a tomar o meu coração. Então, eu e meu amigo começamos a orar; sabíamos da importância de dependermos de Deus naquele momento. Foi quando Ele me disse: "Tem uma dupla de meninos, e um deles brigou com o pai nestes últimos dias, por isso, está muito mal".

Assim que me virei para compartilhar com o Jorge sobre a palavra de conhecimento que tinha recebido, ele me disse: "Cara, Deus me falou que neste lugar tem uma dupla de meninos, e que um deles brigou com a mãe". Naquele momento, não sabia se dava risada ou chorava. Isso nunca tinha acontecido comigo. Deus nos deu duas revelações que se completavam. Estávamos em êxtase. Começamos a procurá-los e reviramos todo o bloquinho. Mas apesar de termos encontrado várias duplas de rapazes, Deus não nos dava sinal de que era algum deles.

Depois de uns minutos buscando, encontramos dois adolescentes, drogados. Um deles estava com

---

[4] Nome fictício para proteção do personagem.

a boca roxa de *Rohypnol*[5], que havia usado como entorpecente. O meu coração acelerou, olhei para o Jorge, ele olhou para mim, e, fazendo um sinal, disse: "São eles". Na hora, comecei a chorar. Parecia que os dois eram nossos irmãos; sentia como se eu já os tivesse visto. Eu sabia que eram eles. Quando dei o primeiro passo, o Espírito Santo comentou comigo: "Você vai ter de se fazer de louco para ganhá-los. Espere tocar a música eletrônica e chegue junto curtindo o som". Devagar, eu me aproximei e fiquei ao lado dos dois. Assim que me viu, um deles elogiou minha camisa do Corinthians, time para o qual ele também torcia.

Enquanto curtíamos juntos, Deus nos deu o sinal para falarmos com eles. Quando a música parou, conversamos um pouco e compartilhamos o que o Espírito Santo havia nos dito. Para o nosso espanto,

---

[5] Rophynol é um medicamento utilizado para o tratamento de curta duração da insônia. Por ser tão forte (tarja preta), é indicado apenas em último caso, pois seu uso pode levar ao vício. Os sintomas ocasionados por sua ingestão são dor de cabeça, tontura, diminuição da atenção, amnésia anterógrada (esquecimento de eventos recentes), hipertensão e depressão respiratória (diminuição de oxigênio circulando no corpo, por conta disso, as mucosas - boca, nariz e partes íntimas - e extremidades - mãos e pés - ficam arroxeadas, assim como o rapaz citado), distúrbios cardíacos (inclusive parada cardíaca), diplopia (percepção de duas imagens de um único objeto), incontinência urinária, entre outras. Além disso, existem diversos efeitos colaterais, os mais comuns giram em torno dos distúrbios psiquiátricos, como confusão e transtorno emocional. Agora, suas reações mais fortes levam a inquietação, agressividade, raiva, pesadelos, alucinações, psicose e implicações adversas comportamentais. Informações retiradas do manual da Anvisa, referente a bula deste medicamento.

um deles, o Pedro[6], tinha mesmo brigado com a mãe um dia antes e ido para a casa do Thiago[7], que acabou se desentendendo com o pai por conta disso. Eu e meu amigo ficamos extasiados, bem como os dois meninos, que não conseguiam acreditar no que tinham escutado. Após um tempo conversando, eles nos contaram o quanto estavam mal com o episódio com os pais. Em seguida, pregamos sobre Deus Pai e Sua paternidade, e ali os adolescentes, que estavam afastados de Jesus, decidiram voltar para casa.

Quando fomos orar por eles, Pedro e Thiago deixaram a bebida e as drogas no chão, tiraram o boné como sinal de reverência (mesmo que isso não seja necessário) e, em lágrimas, receberam Jesus!

Este testemunho é uma das coisas mais incríveis que já me aconteceu, e sempre me leva a pensar na importância de encontrar cada pessoa que Deus nos envia a buscar, custe o que custar. Dessa forma, é fundamental que você se questione: até onde sou capaz de ir por uma alma? Nunca se esqueça: tudo vale por uma vida. Tudo.

De maneira prática, esse acontecimento é exatamente o que 1 Coríntios 9 nos ensina. Não só isso, mas Cristo também nos instruiu, em João 4, uma forma bem prática sobre a intenção de Paulo naquela passagem:

---

[6] Nome fictício para proteção do personagem.
[7] Nome fictício para proteção do personagem.

Era-lhe necessário passar por Samaria. Assim, chegou a uma cidade de Samaria, chamada Sicar, perto das terras que Jacó dera a seu filho José. Havia ali o poço de Jacó. Jesus, cansado da viagem, sentou-se à beira do poço. Isto se deu por volta do meio-dia. Nisso veio uma mulher samaritana tirar água. Disse-lhe Jesus: "Dê-me um pouco de água". (Os seus discípulos tinham ido à cidade comprar comida.) A mulher samaritana lhe perguntou: "Como o senhor, sendo judeu, pede a mim, uma samaritana, água para beber?" (Pois os judeus não se dão bem com os samaritanos). (João 4.4-9)

Esse é um dos meus textos preferidos. Aqui, é Jesus quem nos ensina na prática que vale tudo por uma alma. A Bíblia nos conta que Cristo se assentou no poço de Jacó e esperou pela chegada da mulher samaritana. Ele sabia que ela passaria por ali, e como tinha consciência de que, por conta da rixa entre judeus e samaritanos, os discípulos provavelmente não iriam recebê-la bem, despediu todos eles para ficar sozinho.

De certa forma, os samaritanos foram "excluídos" da linhagem judaica. E por que isso aconteceu? Os judeus consideravam que eles não tinham sangue puro, já que estes acabaram se misturando com outros povos.

> Jesus estava andando na contramão da cultura.

Existia um preconceito muito grande da parte dos judeus de Jerusalém contra os judeus de Samaria. Jesus, sabendo disso, despediu os discípulos para comprarem comida, a fim de que

Ele pudesse ficar a sós com aquela mulher. Quando ela chegou ao poço, e o Mestre começou a interagir com a moça, ela se assustou, tanto que respondeu: "Como o senhor, sendo judeu, pede a mim, uma samaritana, água para beber?". Esse simples diálogo revela o quanto Jesus estava andando na contramão da cultura daquela época e não se importou em quebrar algumas barreiras e preconceitos culturais para que aquela mulher fosse salva.

Aliás, Ele foi radical em agir de maneira contracultural para alcançar aquela moça. Em primeiro lugar, um judeu de "boa linhagem" não podia se relacionar com um samaritano. Em segundo, um judeu não podia falar em público com uma mulher e, em terceiro, um rabino não podia falar nem mesmo com sua esposa fora de seu lar. Jesus era judeu, de "boa linhagem", e também um rabino.[8] Além de todas essas barreiras culturais, aquela mulher provavelmente era uma prostituta, o que significa que, para piorar o cenário, ela não tinha uma boa reputação. Dessa maneira, fica claro que Jesus precisaria quebrar alguns tabus para que ela fosse salva. E sabe o que Ele fez? Rompeu todas essas barreiras. Isso mesmo, Cristo se assentou com ela sem se importar com todo seu histórico, e em poucos minutos, ela se arrependeu e converteu os seus caminhos.

---

[8] LOPES, Hernandes Dias. **João 4.1-42:** Estratégias de Jesus para salvar a samaritana. 2018. (52m41s). Disponível em *https://www.youtube.com/watch?v=k0OtSkAGhus*. Acesso em fevereiro de 2020.

O interessante é que a história continua e as Escrituras nos relatam que quando os discípulos voltaram da cidade onde foram comprar comida e viram Jesus com aquela mulher, tiveram uma reação de completo espanto:

> Naquele momento, chegaram os discípulos de Jesus e se admiraram ao vê-lo falando com uma mulher. Mas nenhum deles perguntou: "O que você está querendo?" Ou: "Por que o senhor está falando com ela? [...]". (João 4.27)

Jesus escandalizou os Seus próprios discípulos por amor a ela. Claramente, Ele estava mais preocupado com a vida da mulher samaritana do que com o quanto as pessoas poderiam se chocar, comentar ou até mesmo difamá-lO. Eu fico imaginando se algum judeu passasse e O visse sozinho com aquela mulher. Com certeza, ele não iria pensar coisas boas a respeito do Mestre, o que quer dizer que Jesus correu o risco de manchar a Sua imagem diante dos homens por uma alma. Ele se importou mais com a salvação da mulher samaritana do que com a opinião das pessoas a Seu respeito. Contudo, Cristo sabia quem era e não necessitava de palavras externas para se sentir amado ou afirmado.

Ao longo da nossa jornada cristã, precisamos entender que seremos expostos a situações delicadas, assim como Jesus foi naquele dia. Entretanto, teremos de escolher entre ficarmos presos ao temor dos homens ou abraçarmos o temor de Deus e, posteriormente,

> Teremos de escolher entre ficarmos presos ao temor dos homens ou abraçarmos o temor de Deus.

experimentarmos a conversão de alguém ou o toque divino em uma pessoa, por exemplo.

Por outro lado, talvez você esteja se perguntando: "Existe um limite do que posso fazer para me conectar com alguém a fim de ganhá-lo(a) para Jesus?". Sim, existe um único limite: o pecado. Tirando isso, TUDO vale por uma alma. É claro que, com isso, não quero dizer que devemos sair por aí sem nos importarmos com as consequências. Necessitamos de um direcionamento divino e das estratégias certas para agir, prezando sempre por respeitar e obedecer ao padrão, aos valores e princípios de Deus. O "tudo vale por uma alma" precisa caber dentro disso.

Mas a história da samaritana não para por aí. Logo após esse momento, Jesus enviou a moça para a sua cidade, a fim de que ela falasse a todos o que havia experimentado

> Que Deus gere em seu coração uma compaixão tão grande pelos perdidos que você só ficará satisfeito quando puder testemunhar e ser parte da conversão de pelo menos uma alma por dia.

> Imagine se Ele Se importasse com a opinião dos outros ou vivesse debaixo do temor dos homens?

ao conhecer o Messias. Enquanto isso, Jesus confirmou que ficaria à sua espera, aguardando os testemunhos. Nesse intervalo de tempo, os discípulos, ainda chocados, ofereceram ao Mestre a comida que foram comprar na cidade de Sicar:

> Enquanto isso, os discípulos insistiam com ele: "Mestre, come alguma coisa". Mas ele lhes disse: "Tenho algo para comer que vocês não conhecem". Então os seus discípulos disseram uns aos outros: "Será que alguém lhe trouxe comida?". Disse Jesus: "A minha comida é fazer a vontade daquele que me enviou e concluir a sua obra. Vocês não dizem: 'Daqui a quatro meses haverá a colheita'? Eu lhes digo: Abram os olhos e vejam os campos! Eles estão maduros para a colheita. Aquele que colhe já recebe o seu salário e colhe fruto para a vida eterna, de forma que se alegram juntos o que semeia e o que colhe". (João 4.31-36)

Eu fiquei em choque quando realmente entendi que, na verdade, no instante em que Jesus despediu os Seus discípulos a Sicar, Ele não estava preocupado com comida alguma, mas com o momento que teria com aquela mulher. Cristo, porém, aproveitou esse momento para ensinar aos Seus companheiros qual era a Sua comida: realizar a vontade do Pai. E quando, segundo o texto, essa vontade seria realizada? Na colheita de almas. Isto é, enquanto os discípulos estavam comprando comida, Jesus estava satisfazendo a Sua fome encontrando uma ovelha perdida de Seu Pai.

Dessa forma, a minha oração é para que Deus gere em seu coração uma compaixão tão grande pelos perdidos que você só ficará satisfeito quando puder testemunhar e ser parte, juntamente com o Espírito Santo, da conversão de pelo menos uma alma por dia. Precisamos chegar a esse nível.

E foi exatamente o que aconteceu ao final dessa história em João 4. Nos últimos versículos dessa passagem, aconteceu algo extraordinário:

> Que aprendamos com o Mestre e Senhor Jesus, para que o mundo possa conhecê-lO verdadeiramente.

> Muitos samaritanos do povoado creram em Jesus por causa daquilo que a mulher relatou: "Ele me disse tudo que eu já fiz!". Quando saíram para vê-lo, insistiram que ficasse no povoado. Jesus permaneceu ali dois dias, e muitos outros ouviram sua palavra e creram. Então disseram à mulher: "Agora cremos, não apenas por causa do que você nos contou, mas porque nós mesmos o ouvimos. Agora sabemos que ele é, de fato, o Salvador do mundo". (João 4.39-42)

Aquela mulher, com poucos dias de conversão, ganhou boa parte de sua cidade para Jesus. Através do testemunho dela, muitos creram em Sua palavra e foram ao encontro do Messias. Cristo ganhou praticamente uma cidade para Si, fazendo-se de louco para alcançar uma alma. Imagine se Ele Se importasse com a opinião dos outros ou vivesse debaixo do temor dos homens? Ele não teria se aproximado daquela mulher e, consequentemente, de grande parte da cidade. Portanto, que aprendamos com o Mestre e Senhor Jesus, para que o mundo possa conhecê-lO verdadeiramente.

Senhor Jesus, destrua o meu ego e o meu desejo de ter a aprovação dos homens, porque se isso não acontecer, não conseguirei fazer tudo por uma alma, assim como Você e o apóstolo Paulo fizeram. Eu quero que pessoas O conheçam através de mim e, se for preciso, eu desejo, sim, fazer qualquer coisa por isso. Em Teu nome, amém.

Capítulo 3

A MENSAGEM: ARREPENDIMENTO VS. CRISTO

Um dos principais entendimentos que precisamos ter, antes de sairmos ao mundo anunciando o Evangelho, é a respeito do tipo de mensagem que devemos pregar. Por mais simples que isso seja, acredite, muitos não sabem o que falar, e, por isso, acabam errando em suas palavras. Jesus nos chamou para declararmos o Evangelho, o que quer dizer que não podemos pregar qualquer outra mensagem além dessa. Quando saímos desse propósito, falhamos em nossa missão. Até podemos nos deparar com alguns ouvintes que "aceitam" o que estamos falando, mas eles não serão transformados pelo Espírito Santo, porque o Seu poder só responde ao Evangelho. Entretanto, diante disso, você pode estar se perguntando, afinal, o que seriam essas Boas Notícias de Deus para a humanidade, como também é conhecido o Evangelho?

A QUEDA

Como diria minha avó: "Vamos começar pelo início". O livro de Gênesis nos conta que, no princípio, o homem foi criado e colocado no meio do jardim do Éden, lugar que era, literalmente, uma extensão do Céu na Terra, e que exalava perfeição e muita paz. Ali, o homem tinha comunhão direta, profunda e íntima com Deus. A conexão "*Wi-Fi*" não caía; o Criador chamava o homem, o homem O atendia, e vice-versa. A Palavra nos diz que, na viração do dia, Deus passeava e se relacionava com Adão e Eva. Os dois, em resposta a isso, se prontificavam e se apresentavam a Deus. O relacionamento entre eles não tinha interrupções. Acredito que nesses encontros, Deus afirmava para ambos quem eles eram e o motivo pelo qual tinham sido criados: comunhão com Ele, domínio sobre a Criação, multiplicação da espécie humana e sujeição da Terra (Gênesis 1.28).

Essa relação funcionava bem para os dois lados, até que, infelizmente, o homem caiu na tentação oferecida pela serpente e o pecado foi gerado. Deus tinha dito para o homem e a mulher que, caso isso acontecesse,

> Jesus nos chamou para declararmos o Evangelho, o que quer dizer que não podemos pregar qualquer outra mensagem além dessa.

eles morreriam, uma vez que o salário do pecado é a morte (cf. Romanos 6.23). Morte esta, relacionada ao espiritual, e não ao físico. Aqui, o homem perdeu sua conexão direta com Deus. Por conta disso, o Senhor, em vez de deixar os dois no Jardim, decidiu expulsá-los, já que, se eles comessem da Árvore da Vida após terem consumido o fruto da Árvore do Conhecimento do Bem e do Mal, o pecado e a condenação se tornariam eternos na humanidade. Assim, com o homem fora do Éden e o seu espírito morto, Deus começou a soprar o plano de redenção para Sua criação.

A REDENÇÃO

Com a Queda, foi ativada a ira de Deus, logo o homem e a mulher estavam vulneráveis a ela. De Adão até a vinda de Jesus, o Senhor se relacionava com a humanidade por meio dos sacrifícios de animais que eram feitos pelos sacerdotes. Já que ela não tinha mais o privilégio da conexão direta que existia no jardim do Éden, precisava de mediação, que eram esses sacrifícios. Através destes, os pecados do ser humano eram perdoados. E o que era o pecado? A transgressão da Lei. O interessante é que, ao contrário do que pensam, a Lei não

> Com o homem fora do Éden e o seu espírito morto, Deus começou a soprar o plano de redenção para Sua criação.

se resumia aos dez mandamentos, mas se estendia ao longo das 613 ordenanças deixadas por Deus para a humanidade. Com isso, fica claro que o fardo que os judeus daquela época carregavam por conta do pecado de Adão era bastante pesado. Eles pecavam todos os dias, mas só tinham acesso à presença de Deus pelo sacrifício que os sacerdotes faziam. Somente por meio do arrependimento dos seus pecados e do sacrifício desses animais, eles se tornavam limpos novamente. Sem isso, eles não tinham o perdão de Deus e, consequentemente, um relacionamento aberto com Ele.

Isso durou por mais de um milênio e foi um tempo muito difícil. Porém, felizmente, esse não era o plano final de Deus para o ser humano. A forma que o Senhor estava se relacionando com a humanidade na Velha Aliança estava servindo apenas de sombra para o que viria futuramente. Depois de todo esse sofrimento, a fim de resolver todo o caos causado por Adão, Deus decidiu enviar ao mundo Seu único Filho: Jesus, o Cristo.

> Jesus não merecia a cruz e, muito menos, o silêncio e rejeição de Deus. Nós é que merecíamos. Naquele dia, Cristo trocou de lugar comigo e com você, recebendo o castigo que estava imputado sobre nós.

A missão de Jesus era Se tornar o Cordeiro expiatório no lugar do Homem. Em outras palavras, o Messias veio ao mundo como um sacrifício vivo para o perdão eterno dos pecados da humanidade, através da Sua morte na cruz do Calvário.

Foi este o contexto que trouxe Cristo à Terra. Ele era o único Filho de Deus e, além de vencer a tentação que nós não conseguiríamos, Ele cumpriu toda a Lei para que pudéssemos entrar para a família de Deus e também nos tornarmos filhos. Seria, literalmente, impossível para qualquer ser humano cumprir algo assim, afinal "todos pecaram e estão destituídos da glória de Deus" (Romanos 3.23). Nós necessitamos da justificação gratuita que veio pelo sacrifício do Salvador.

Jesus, o Cordeiro Santo, cumpriu a Lei para se tornar oferta aceitável diante de Deus. Sim, até mesmo o Filho do Homem levou um fardo sobre Si. Aos 33 anos de idade, Jesus se entregou na cruz e, no auge de Sua dor, Ele orou ao Pai: "*Eloí, Eloí, lamá sabactâni?*", que significa: "Meu Deus! Meu Deus! Por que me abandonaste?" (Marcos 15.34).

O Pai, diante de todo o sofrimento na cruz, abandonou Seu Filho. A resposta de Deus para Jesus foi o silêncio. Isso mesmo, Ele ficou em silêncio em meio à aflição e agonia de Seu único Filho. E talvez você esteja se perguntando o porquê disso. São dois os motivos. O primeiro porque Cristo, naquele momento, estava recebendo a ira de Deus Pai – ira esta que fora provocada milênios antes, no Jardim do Éden – e a segunda é porque o Senhor não pode ir contra a Sua natureza e se associar com o pecado.

Jesus não merecia a cruz e, muito menos, o silêncio e rejeição de Deus. Nós é que merecíamos. Naquele dia, Cristo trocou de lugar comigo e com você, recebendo o castigo que estava imputado sobre nós, assim como diz em Isaías:

> Foi desprezado e rejeitado pelos homens, um homem de dores e experimentado no sofrimento. Como alguém de quem os homens escondem o rosto, foi desprezado, e nós não o tínhamos em estima. Certamente ele tomou sobre si as nossas enfermidades e sobre si levou as nossas doenças; contudo nós o consideramos castigado por Deus, por Deus atingido e afligido. Mas ele foi traspassado por causa das nossas transgressões, foi esmagado por causa de nossas iniquidades; o castigo que nos trouxe paz estava sobre ele, e pelas suas feridas fomos curados. Todos nós, como ovelhas, nos desviamos, cada um de nós se voltou para o seu próprio caminho; e o Senhor fez cair sobre ele a iniquidade de todos nós. Ele foi oprimido e afligido; e, contudo, não abriu a sua boca; como um cordeiro, foi levado para o matadouro; e, como uma ovelha que diante de seus tosquiadores fica calada, ele não abriu a sua boca. Com julgamento opressivo ele foi levado. E quem pode falar dos seus descendentes? Pois ele foi eliminado da terra dos viventes; por causa da transgressão do meu povo ele foi golpeado. Foi-lhe dado um

túmulo com os ímpios e com os ricos em sua morte, embora não tivesse cometido nenhuma violência nem houvesse nenhuma mentira em sua boca. Contudo, foi da vontade do Senhor esmagá-lo e fazê-lo sofrer, e, embora o Senhor tenha feito da vida dele uma oferta pela culpa, ele verá sua prole e prolongará seus dias, e a vontade do Senhor prosperará em sua mão. Depois do sofrimento de sua alma, ele verá a luz e ficará satisfeito; pelo seu conhecimento meu servo justo justificará a muitos e levará a iniquidade deles. Por isso eu lhe darei uma porção entre os grandes, e ele dividirá os despojos com os fortes, porquanto ele derramou sua vida até a morte e foi contado entre os transgressores. Pois ele levou o pecado de muitos e pelos transgressores intercedeu. (Isaías 53.3-12)

Essas são as Boas Notícias de Deus para a humanidade. O resumo do Evangelho é: Jesus Cristo levou sobre Si toda a ira e rejeição que merecíamos, e pagou toda a dívida do pecado em nosso lugar. Isso é o que chamamos de graça e misericórdia.

Quem sabe você já tenha feito uma oração confessando a sua fé e "aceitando" a Jesus, ao dizer: "Senhor, eu O recebo como meu único Senhor e Salvador". Eu já fiz essa oração quando aceitei a Jesus, porém, quando recitei essas palavras, na verdade, eu não sabia do que Ele tinha me salvado. E essa, infelizmente, é a realidade de

> Isso é o que chamamos de graça e misericórdia.

muitos que oram recebendo o Salvador sem ao menos saber do que Este os livrou.

Na cruz, Jesus nos salvou da ira de Deus, que seria destinada a nós se não fosse pelo grande amor e compaixão de Cristo ao Se entregar em nosso lugar. Ele nos amou primeiro, e é só por isso que, hoje, podemos amá-lO de volta.

> Não podemos anunciar aos perdidos nada além de Cristo e Sua obra na cruz.

Por outro lado, é importante mencionar que isso não significa que todos foram salvos da Sua ira. É claro que Cristo morreu por todas as pessoas, mas apenas aqueles que disserem "sim" para Seu sacrifício e O reconhecerem como Senhor e Salvador usufruirão do preço que Ele pagou e da vida eterna que Ele oferece (cf. João 3.36).

Quando passamos a crer que Jesus é nosso Salvador, além de sermos perdoados diante de Deus, passamos a ter livre acesso à Sua presença, ao Santo dos Santos. Isso quer dizer que já não precisamos sacrificar animais nem precisamos de sacerdotes para obtermos esse privilégio. E isso não é mérito nosso, mas totalmente d'Ele.

A MENSAGEM

Diante desse entendimento, torna-se clara a mensagem que devemos pregar: Jesus e o que Ele fez. Não podemos anunciar aos perdidos nada além de Cristo e Sua obra na cruz.

Por muito tempo, ensinamos sobre Deus a partir da ótica de Elias ou João Batista, e não de Cristo. Não que esse tipo de pregação tenha de ser ignorada, já que não existe vida de intimidade com Deus sem arrependimento. Agora, há uma forma correta de abordar as pessoas e é tolice não discernirmos o momento certo para cada tipo de mensagem. Apresentar, logo de cara, um Deus que se ira, não comunica, não conecta e também não é a totalidade da natureza divina, afinal Deus não é só ira, assim como também não é apenas amor. O grande problema é quando queremos, "em nome da verdade", enfiar a disciplina e a Lei goela abaixo; quando preferimos ferir o outro em vez de estender misericórdia e graça, como Jesus fez conosco.

Apesar de o arrependimento ser imprescindível para a vida com Cristo, precisamos parar de tentar convencer pessoas do pecado, usando a verdade da Palavra como desculpa para grosserias, preconceitos ou falta de amor. O nosso papel é testemunharmos do que Jesus fez em nós, sempre acolhendo, demonstrando o amor de Deus, e deixando a tarefa do convencimento para o Espírito Santo.

Isso se torna mais fácil quando nos deparamos com a Pessoa de Deus, já que somos constrangidos ao percebermos quem Ele é e quem nós somos. Dessa maneira, a partir do instante em que cremos n'Ele e O confessamos como nosso Salvador, não há como, automaticamente, não nos arrependermos de nossos pecados.

No entanto, apesar da importância do arrependimento, não faz sentido focarmos nossas pregações nele em vez de nos voltarmos para Cristo e Sua obra redentora. Se anunciamos "arrependam-se", sem compartilharmos a respeito d'Aquele que os levará a este arrependimento, muito possivelmente não veremos conversões genuínas. Eles podem até abandonar alguns pecados, mas será pela força do braço, e não pelo Espírito. Sendo assim, essa transformação, provavelmente, terá prazo de validade.

Pregar arrependimento sem pregar Cristo é colocar um fardo nas pessoas que elas não serão capazes de suportar. Jesus não precisa do arrependimento para se relacionar com alguém, mas é impossível não nos arrependermos na medida em que nos relacionamos com Ele. Isso se torna mais nítido na história que Lucas 19 nos conta:

> Havia ali um homem rico chamado Zaqueu, chefe dos publicanos. Ele queria ver quem era Jesus, mas, sendo de pequena estatura, não o conseguia, por causa da multidão. Assim, correu adiante e subiu numa figueira brava para vê-lo, pois Jesus ia passar por ali. Quando Jesus chegou àquele lugar, olhou para cima e lhe disse: "Zaqueu, desça depressa. Quero ficar em sua casa hoje". Então ele desceu rapidamente e o recebeu com alegria. Todo o povo viu isso e começou a se queixar: "Ele se hospedou na casa de um pecador". Mas Zaqueu levantou-se e disse ao Senhor: "Olha, Senhor! Estou

dando a metade dos meus bens aos pobres; e se de alguém extorqui alguma coisa, devolverei quatro vezes mais". Jesus lhe disse: "Hoje houve salvação nesta casa! Porque este homem também é filho de Abraão. Pois o Filho do homem veio buscar e salvar o que estava perdido". (Lucas 19.2-10)

Zaqueu era um publicano corrupto, não um "santo". O interessante é que, ao ficar sabendo que Jesus estava próximo de onde ele se encontrava, esse publicano foi em direção a Ele. Entretanto, por causa da multidão, o homem não podia enxergá-lO. No mesmo instante, Zaqueu decidiu subir em uma árvore a fim de conseguir solucionar seu problema. Foi quando Jesus se aproximou e lhe pediu para descer, porque Ele comeria em sua casa. O povo, assustado com as palavras do Mestre, começou a murmurar, já que Zaqueu não era uma boa pessoa. Veja bem, Jesus não pediu para que ele se arrependesse dos seus pecados para depois entrar em sua casa, mas escolheu se relacionar com aquele homem apesar disso.

> Pregar arrependimento sem pregar Cristo é colocar um fardo nas pessoas que elas não serão capazes de suportar. Jesus não precisa do arrependimento para se relacionar com alguém, mas é impossível não nos arrependermos na medida em que nos relacionamos com Ele.

As Escrituras nos contam que foi quando Jesus estava à mesa com Zaqueu, tendo uma boa conversa, que ele se arrependeu de seus pecados, e se comprometeu a vender seus bens para devolver aos pobres aquilo que antes havia roubado. Isso é fantástico! O publicano não se converteu com uma mensagem de "arrependei-vos", mas sim através do contato com a pessoa de Jesus. Cristo amou Zaqueu, apesar do que ele tinha cometido, e foi esse amor, bondade e verdade que transformaram completamente a vida daquele homem.

> Jesus nunca pediu para que alguém que desejasse conhecê--lO se preparasse.

Refletindo sobre esse assunto, sabemos que existem milhões de pessoas como Zaqueu, que estão apenas esperando alguém que pregue o Evangelho genuíno para que elas se rendam. Digo por experiência própria. Semanalmente, encontramos pessoas como o publicano de Lucas 19 nas festas e boates de Brasília. No início, acreditávamos que pouquíssimas pessoas iriam querer o Senhor nesses ambientes, mas para a nossa surpresa, nós nos deparamos com centenas delas que desejavam ser encontradas por Jesus em meio à sua escuridão. Nunca entramos nesses ambientes pregando o arrependimento, mas sim Cristo e a Sua obra na cruz. Anunciamos o que Ele já fez por elas.

Já falhamos tanto em nossas mensagens evangelísticas que, hoje, nas ruas da nação brasileira, existem milhares de pessoas que até gostariam de conhecer a Deus e mergulhar em Seu coração, mas não se sentem preparadas ou "boas" o suficiente para alcançá-lO. Na praça do "Céu na Terra", recebemos semanalmente pessoas assim, jovens que dizem: "Eu até queria conhecer Jesus, mas não me sinto preparado para isso".

> Na verdade, a mensagem da Igreja deve ser: "Venha. Apenas venha". Ele já fez tudo!

Porém, o que eu sempre me questionei é: quem lhes ensinou que eles precisam de um preparo para conhecer a Deus? De onde eles tiraram isso? Da Bíblia que não foi. Ela não é compatível com esse entendimento. Jesus nunca pediu para que alguém que desejasse conhecê-lO se preparasse. Cristo nunca ordenou que alguém se lavasse um pouco antes de se relacionar com Ele. Pelo contrário, Ele sempre nos convidou a nos aproximarmos como estamos. Não precisamos nos preparar para receber Jesus.

Muitos caem no erro de pensar dessa forma por conta do que já ouviram dentro dos templos. Às vezes, sem querer ou sem pensar, colocamos o arrependimento como pré-requisito para alguém que deseja conhecer a Deus. "Arrependa-se e venha". Quando, na verdade, a mensagem da Igreja deve ser: "Venha. Apenas venha". Ele já fez tudo!

Não podemos nos esquecer que o nosso ministério não é o do convencimento, mas o da reconciliação. Paulo, em 2 Coríntios 5, nos diz:

> Tudo isso provém de Deus, que nos reconciliou consigo mesmo por meio de Cristo e nos deu o ministério da reconciliação, ou seja, que Deus em Cristo estava reconciliando consigo o mundo, não lançando em conta os pecados dos homens, e nos confiou a mensagem da reconciliação. Portanto, somos embaixadores de Cristo, como se Deus estivesse fazendo o seu apelo por nosso intermédio. Por amor a Cristo lhes suplicamos: Reconciliem-se com Deus. (vs. 18-20)

Nosso papel não é convencer ninguém dos seus pecados, e sim apresentar o plano de salvação de Deus para a humanidade: Cristo e o que Ele fez na cruz.

> Nosso ministério não é o do convencimento, mas o da reconciliação.

Como mencionei, quero deixar claro que não sou contra a mensagem do arrependimento, desde que ela não seja a base do que pregamos, especificamente para os perdidos. Em Atos 8, isso se torna bem visível ao nos depararmos com a história de Filipe, o evangelista, quando entrou na cidade de Samaria e ganhou, praticamente, toda a cidade para Jesus:

Os que haviam sido dispersos, porém, anunciavam as boas-novas a respeito de Jesus por onde quer que fossem. Filipe foi para a cidade de Samaria e ali falou ao povo sobre o Cristo. Quando as multidões ouviram sua mensagem e viram os sinais que ele realizava, deram total atenção às suas palavras. Muitos espíritos impuros eram expulsos e, aos gritos, deixavam suas vítimas, e muitos paralíticos e aleijados eram curados. Por isso, houve grande alegria naquela cidade. (Atos 8.4-8 – NVT)

No entanto, quando Filipe lhes levou a mensagem sobre as boas-novas do reino de Deus e sobre o nome de Jesus Cristo, eles creram e, como resultado, muitos homens e mulheres foram batizados. (Atos 8.12 – NVT)

A Palavra nos conta que muitos samaritanos se converteram naquele dia, e a mensagem que Filipe pregou foi Cristo e o que Ele fez na cruz. Ele não pregou arrependimento, sua mensagem foi Cristo. O resultado disso foi uma conversão em massa.

> Nosso papel não é convencer ninguém dos seus pecados, e sim apresentar o plano de salvação de Deus.

No meio da multidão que tinha aceitado Jesus, existia um homem chamado Simão. Ele era um mago, e amava os sinais sobrenaturais. Não conhecia a Deus, mas se converteu ao ouvir o Evangelho saindo da boca de Filipe. Foi, inclusive, batizado.

Dias mais tarde, quando Filipe já havia ido embora, Pedro e João chegaram à cidade para orarem por aqueles que tinham sido salvos, a fim de que eles recebessem o Espírito Santo. Quando Simão presenciou tudo aquilo que aconteceu através dos dois discípulos, ele desejou que a mesma coisa ocorresse por meio dele. Foi assim que este decidiu, então, oferecer dinheiro a Pedro e João para que eles compartilhassem desse poder com ele. Pedro, irritado, corrigiu-o, dizendo:

> Pedro, porém, respondeu: "Que seu dinheiro seja destruído com você, por imaginar que o dom de Deus pode ser comprado! Você não tem parte nem direito neste ministério, pois seu coração não é justo diante de Deus. Arrependa-se de sua maldade e ore ao Senhor. Talvez ele perdoe esses seus maus pensamentos, pois vejo que você está cheio de amarga inveja e é prisioneiro do pecado". Simão exclamou: "Orem ao Senhor por mim, para que essas coisas terríveis não me aconteçam!". Depois de terem testemunhado e proclamado a palavra do Senhor em Samaria, Pedro e João voltaram a Jerusalém. Ao longo do caminho, pararam em muitas vilas samaritanas para anunciar as boas-novas. (Atos 8.20-25 – NVT)

Simão, o mago, ouviu uma mensagem de arrependimento dias depois de ouvir sobre Cristo e Sua obra na cruz; dias depois de ter se convertido. Como é notável, a mensagem do arrependimento não veio antes. Em Brasília, quando estamos na praça em que acontece o "Céu na Terra", nas ruas e baladas, nós pregamos apenas Cristo e o que Ele fez na cruz. Depois que essas pessoas se convertem e começam a caminhar com Cristo e conosco, Sua Igreja, o processo do discipulado se inicia, e, assim, eles podem começar a ouvir algumas mensagens ligadas ao arrependimento.

Espírito Santo, o meu papel não é convencer ninguém; realmente não será pela minha força. É o Senhor quem convence os perdidos! Por isso, renove a minha mente com essa verdade e com o fato de que as pessoas não precisam estar prontas para se entregarem a Ti, já que apenas sendo expostas à fé no Senhor elas serão transformadas. Que eu seja fiel em anunciar as Boas Notícias com muita compaixão, em vez de condenar ou julgar as pessoas. Por favor, lembre-me todos os dias que, um dia, o perdido era eu. Em nome de Jesus, amém.

Capítulo 4

POR ONDE COMEÇO?

É bem provável (e eu espero que sim) que seu coração esteja queimando muito por Jesus e pelos perdidos agora, porém, ainda assim, talvez você não saiba o que fazer inicialmente. Por onde começar a pregar o Evangelho, em qual nação, povo, tribo e por aí vai a grande lista de questionamentos. Para compreendermos mais a respeito desse assunto, precisamos abrir o mapa missiológico que Jesus deixou para a Sua Igreja em Atos 1.8:

> Então os que estavam reunidos lhe perguntaram: "Senhor, é neste tempo que vais restaurar o reino a Israel?" Ele lhes respondeu: "Não compete a vocês saber os tempos ou as datas que o Pai estabeleceu pela sua própria autoridade. Mas receberão poder quando o Espírito Santo descer sobre vocês, e serão minhas testemunhas em Jerusalém, em toda a Judeia e Samaria, e até os confins da terra". (Atos 1.6-8)

Nessa passagem, Cristo direcionou essas palavras aos Seus discípulos, os homens que iriam, literalmente, virar o mundo de cabeça para baixo. Jesus já havia ressuscitado, e Seus seguidores mais próximos estavam maravilhados ao se depararem com o Mestre novamente. Eu imagino que, muito provavelmente, eles estavam em dúvida de por onde deveriam iniciar a pregação do Evangelho, afinal o Senhor já havia lhes dito para anunciarem as Boas Novas por todo o mundo. O descrito em Marcos 16.15 já tinha acontecido:

> Jesus lhes disse: "Vão ao mundo inteiro e anunciem as boas-novas a todos. Quem crer e for batizado será salvo, mas quem se recusar a crer será condenado". (NVT)

Eles já tinham sido enviados por Jesus, mas não sabiam exatamente como começar. Foi por esse motivo que, após a ressurreição, o Mestre os encontrou e direcionou. O melhor, entretanto, é que esse direcionamento de Atos 1.8 acabou se tornando, também, um mapa para nós. No versículo, fica claro que o primeiro lugar que deveria ser alcançado por aqueles homens era Jerusalém, cidade onde eles cresceram e viveram. Ela era para os discípulos o que a nossa casa e cidade é para nós. Isso significa que,

> Hoje, o campo missionário mais abandonado é o lar.

inicialmente, devemos testemunhar a nossa paixão por Jesus não na África, Europa ou Ásia, mas em nossa própria casa e cidade.

> Não faz sentido nenhum amarmos o mundo e não amarmos a nossa família com a mesma intensidade.

Hoje, o campo missionário mais abandonado é o lar. Uma das coisas que mais ouço é sobre os jovens que têm pensado nas nações como um alvo para o Evangelho, mas, infelizmente, esquecem-se de suas famílias ou até mesmo as deixam de lado. Não podemos negligenciar aqueles que estão próximos de nós, sejam nossos familiares, amigos ou pessoas de nossa cidade, em detrimento de quaisquer outros locais do mundo. Isso é errado. Não faz sentido nenhum amarmos o mundo e não amarmos a nossa família com a mesma intensidade.

Eu nasci e cresci em um lar cristão, durante minha vida frequentei cultos em três das maiores igrejas do Brasil: Renascer em Cristo, Presbiteriana do Brasil e Assembleia de Deus. A minha mãe gostava muito de ir aos cultos de oração da Assembleia, que acontecia toda quarta-feira às 15 horas. Semanalmente, ela estava lá, orando e intercedendo pela nossa família, amigos e pela nação brasileira. Quando eu tinha quatro anos de idade, ela resolveu me levar em um desses cultos. Durante o momento de oração, um pastor bem humilde, vestindo terno e gravata, abordou a minha mãe e pediu para orar por mim. Ela, feliz, aceitou. Não me lembro de nada, mas ela me conta que o pastor colocou suas mãos em mim e começou a profetizar que eu iria viajar para as nações da Terra pregando o Evangelho, e que eu abraçaria um país específico como se fosse o meu povo. Mesmo pequeno, comecei a chorar e, logo em seguida, ele entregou uma mala azul para mim, dizendo que Deus havia pedido isso a ele.

Cresci ouvindo essa história da minha mãe, mas só aos oito anos de idade que aquela palavra começou a frutificar em mim. Na Copa de 2006, sem explicação alguma, eu comecei a torcer para a Itália como se fosse o meu próprio país. Chorei muito durante os jogos e ainda por cima pedi para o meu pai uma camisa da seleção italiana. De lá para cá, essa nação representa uma segunda casa para mim.

Assim que voltei para Jesus, em 2015, soube que passaria o fim dos meus dias pela Itália, amando e pregando o Evangelho àquele povo. Já em 2017, recebi um convite para pregar na Bulgária e Romênia, e fiquei muito empolgado, até porque essas duas nações são próximas da Itália. Logo pensei que poderia não apenas pisar lá, mas pregar o Evangelho e viver a promessa

> Antes de Deus lhe entregar nações, Ele quer entregar-lhe sua família.

> É no seu lar que você será afiado e se tornará um cristão genuíno.

de Deus para a minha vida. Porém, enquanto orava e agradecia a Deus, Ele me disse: "João, você irá para as nações da Terra, inclusive a Itália, mas agora não é a hora! Antes de ir, você precisa amar a sua família, principalmente a sua mãe". Comecei a chorar muito de imediato; não acreditava no que tinha acabado de ouvir. Em poucos segundos, a minha empolgação foi reduzida a zero. Questionei a Deus e Ele me disse: "Ame sua mãe e sua irmã, elas estão afastadas de Mim. Não vá sem antes as duas voltarem para Mim".

Entendi o recado de Deus e desenvolvi um plano para que as duas se aproximassem novamente do Senhor. E, pela graça de Deus, no dia 17 de março de 2018, minha mãe voltou para Jesus, e no final do mesmo ano, a minha irmã também.

Uma semana depois, eu estava em um culto na minha igreja, quando o meu assessor me enviou uma mensagem, dizendo que eu tinha recebido um convite para pregar na Europa. Naquele momento, o Espírito Santo me disse: "Você está pronto! Eu o forjei ao máximo na sua casa, agora vá". Aceitei o convite e em maio de 2019 fui para a Espanha pregar o Evangelho.

Sinceramente, eu poderia ter ido antes, mas não contaria com a bênção e sopro de Deus, já que estaria agindo pela força do meu braço e em desacordo com a vontade divina. Talvez você que está lendo isso tenha um chamado para as nações da Terra, mas, também, pode ser que seus familiares estejam afastados de Jesus. Entenda algo: antes de Deus lhe entregar nações, Ele quer entregar-lhe sua família.

Existe uma grande importância em abraçarmos nossa Jerusalém antes da Judeia, Samaria e os confins da Terra. Há um processo pelo qual passamos em nosso local de origem que forja o nosso caráter e permite que alcancemos as nações sem nos perdermos no campo.

É no seu lar que você será afiado e se tornará um cristão genuíno. Mas de que forma isso acontece? Em casa, não existe falso testemunho, você não consegue fingir uma transformação, porque ali todos lhe conhecem. Seus pais e familiares sabem se você ora, lê a Bíblia ou jejua. Eles sabem se você tem caráter ou não; se é preguiçoso, arrogante, mentiroso, desobediente ou não. Sua família sabe quem você verdadeiramente é. E é por este motivo que Jerusalém é o local que lhe afia para o campo.

Por muito tempo, a Igreja abraçou as programações eclesiásticas e se esqueceu de sua própria casa, e isso gerou um trágico resultado: pastores e líderes de multidões, mas que tiveram suas famílias destruídas. Esse não é o plano de Deus. Inclusive, veja o que Paulo escreveu a Timóteo sobre esse assunto:

Contudo, se alguém não cuida dos seus, especialmente dos de sua própria família, este tem negado a fé e se tornou pior que um descrente. (1 Timóteo 5.8 – KJA)

Não é necessário escrever mais nada a respeito disso. Paulo resume tudo o que precisamos saber em apenas um versículo. A partir de hoje, amaremos mais as nossas famílias. Amém?

Ainda sobre Jerusalém, não podemos nos esquecer que, sim, esse local representa nossa casa, mas também nossa cidade. Eu e você temos um compromisso com Deus que devemos cumprir em nossa cidade. Eu amo viajar o Brasil e as nações pregando o Evangelho, mas a minha maior alegria está em anunciar as Boas Novas nas ruas de Brasília (DF). Deus me disse que, dentro dos próximos cinco anos, a minha cidade se renderá aos Seus pés. Nós estamos nos posicionando para que isso, de fato, aconteça. Eu e a minha equipe do Céu na Terra entendemos que Deus quer salvar a nossa cidade, e nós lutaremos por isso.

> Eu e você temos um compromisso com Deus que devemos cumprir em nossa cidade.

---

[1] PINTO, Ana Estela de Sousa: **Se pudessem, 62% dos jovens brasileiros iriam embora do país.** Folha de S.Paulo, 2018. Disponível em *https://www1.folha.uol.com.br/cotidiano/2018/06/se-pudessem-62-dos-jovens-brasileiros-iriam-embora-do-pais.shtml.* Acesso em fevereiro de 2020.

O versículo 8 de Atos 1 continua e, além de Jerusalém, o autor menciona mais três localidades: Judeia, Samaria e os confins da Terra. Depois de cumprirmos o nosso papel como cristãos em Jerusalém, precisamos abraçar a Judeia, que seria nada mais nada menos que a nossa nação.

A cada dia que passa, o número de brasileiros que têm desejado se mudar do País tem crescido significativamente. De acordo com uma pesquisa realizada pelo Datafolha, em 2018, cerca de 62% dos jovens iriam embora do País se tivessem a chance.[1] A análise, feita em todo o Brasil, apontou que 70 milhões de pessoas com 16 anos ou mais deixariam o país. Entre esses, 43% de adultos e 62% dos que têm 16 a 24 anos, o que seria o equivalente à população inteira de Minas Gerais. Grande parte da explicação para tudo isso tem suas raízes na problemática situação econômica e falta de esperança em um futuro melhor.

> A vida missionária não começa quando você está em outro país, mas a partir do momento em que você compreende a relevância e o peso de não negligenciar os que estão perto.

Sinceramente, não enxergo isso como um problema, desde que os que desejam tomar essa decisão entendam qual é, de fato, o lugar que o Senhor lhes chamou para estar. E ainda que se mudem, antes de irem, é importante que os cristãos cumpram o seu dever aqui, testemunhando o máximo possível sobre Jesus Cristo no Brasil. Aproveite as oportunidades e entenda que a vida missionária não começa quando você está em outro país, mas a partir do momento em que você compreende a relevância e o peso de não negligenciar os que estão perto. Seja fiel com o que Deus já colocou em suas mãos, essa é a essência de Atos 1.8.

> Precisamos nos posicionar e amparar essas pessoas.

Em minha concepção, acredito que os brasileiros sejam um dos povos menos patriotas do mundo. Bem diferente se comparados aos americanos, por exemplo. Precisamos ser mais nacionalistas, amar intensamente o nosso país e o nosso povo. Isso, certamente, agrada o coração de Deus.

Ainda utilizando Atos 1.8 como referência, após a Judeia, chegamos a Samaria, um lugar antes dos confins da Terra. Todos aqueles que afirmam se sentirem chamados para este último, devem, necessariamente, ter abraçado Samaria e os anteriores. Até porque é justamente nesses locais, como mencionei, que seremos tratados e treinados por Deus. Os processos não podem ser ignorados.

Em 2019, fiz uma viagem a Israel com alguns líderes brasileiros e um professor de História, que nos acompanhou e explicou a cultura, pontos turísticos e o contexto histórico dos tempos bíblicos. Durante o itinerário, ele comentou que Samaria, para nós, representa os abandonados de nossa nação. Como mencionei antes, os samaritanos eram judeus de sangue, mas, culturalmente, eram excluídos da sociedade e até mesmo considerados como outro povo. Da mesma maneira, os desprezados de nossa nação têm o nosso sangue, mas não carregam a maioria dos privilégios que muitos de nós temos. Eles sofrem com o abandono, preconceito, falta de saneamento básico, comida, moradia e tantas outras coisas.

> Missões transculturais não são nem um pouco românticas, na verdade, muitas vezes, elas são tenebrosas.

Aqui no Brasil, podemos citar exemplos de pessoas nessas situações, como os sertanejos (povo do sertão), os ribeirinhos (no Amazonas), os índios, quilombolas, ciganos e outros. Eles têm sangue brasileiro, mas estão à margem da sociedade e foram abandonados por nós, completamente excluídos da sociedade. Poucos têm se preocupado em ajudá-los e, por conta disso, estes estão perecendo com a falta de amor. Precisamos nos posicionar e amparar essas pessoas.

Vejo tantos que afirmam ter chamado para a África, Haiti ou alguns outros países carentes da Ásia, mas não se sentem nem um pouco constrangidos ou incomodados com os desprezados que estão logo ao lado. Eu me lembro que em 2018, antes de ir às nações, Deus me levou ao sertão sergipano, onde pude ver de perto o clamor de socorro diário daquele povo. O contato com eles me fez mudar de dentro para fora, além de ser como uma prova da real existência de amor em mim. Foram alguns dos melhores e mais confrontadores dias da minha vida. É nossa obrigação e responsabilidade lutar por eles e não fazer com essas pessoas o que os judeus de Jerusalém fizeram com os samaritanos.

Finalmente, o versículo 8 menciona os confins da Terra, que, do mapa missiológico, talvez seja o mais atraente para as pessoas. Por muito tempo, pouco pensávamos e falávamos em missões fora do Brasil. Tanto que poucos jovens tinham apreço por isso, mas através das orações dos nossos pais na fé isso começou a mudar. Se antes poucos queriam ir para fora, hoje, a maioria tem esse desejo. Os confins da Terra, no contexto de Atos, seriam as nações não alcançadas pelo Evangelho, fora de Israel.

É nítido como Deus está levantando muitos homens e mulheres em nosso país para que outras nações O conheçam. Não podemos limitar o nosso amor somente ao Brasil. Veja o que Davi escreve em Salmos:

> Basta pedir e lhe darei as nações como herança, a terra inteira como sua propriedade. (Salmos 2.8 – NVT)

Esse salmo é messiânico; ele aponta para Cristo. Se hoje as nações se renderem aos pés do Criador é porque Jesus as pediu ao Pai antes de vir ao mundo.[2] E sabe por que Ele pediu às nações por herança? Porque Ele sabia que a maioria dos seus próprios irmãos de sangue, os judeus, não iriam recebê-lO.

Por outro lado, se os confins da Terra são a sua realidade, você precisa entender que missões transculturais não são nem um pouco românticas, na verdade, muitas vezes, elas são tenebrosas. É necessário se preparar para ir, e é exatamente em razão disso que, antes, Ele nos envia para Jerusalém, Judeia e Samaria.

No início de 2019, eu fui à Espanha pregar o Evangelho nas ruas e em igrejas. Um dia, evangelizando pela região de Cartagena, tentaram me acertar com uma pizza de tomate na cara, propositalmente. Muitos espanhóis odeiam os cristãos na Espanha e por toda a Europa. Na época, fiquei muito abalado, já que nunca tinha vivenciado algo semelhante.

Ao final do mesmo ano, estava em Portugal, conversando com um muçulmano chamado Youssef[3]. Na ocasião, eu estava de casaco, mas decidi tirá-lo por conta do calor. Logo depois, enquanto trocávamos

---

[2] Leia mais em Atos 13.33 e Hebreus 1.5.
[3] Nome fictício para proteção do personagem.

palavras, ele viu minha tatuagem de cruz no braço. Foi quando ele simplesmente virou as costas e foi embora. Aquele homem, literalmente, deixou-me falando sozinho.

Esses foram alguns dos exemplos de experiências ruins, mas existem outras muito piores. Ao mesmo tempo, é claro que também coleciono experiências incríveis. Em Valência, uma garota de programa e atriz pornô, chamada Florência, em meio a muitas lágrimas aceitou a Jesus. Ela nunca tinha ouvido o Evangelho. Em Paris, Lorenzo[4], um italiano que encontramos na capital, também aceitou a Jesus no primeiro contato que teve com Ele e a realidade do Reino.

> As nações já foram entregues a Jesus pelo Pai. A pergunta é: quem irá tomá-las das mãos de Satanás?

É evidente que existem dois lados da moeda. Os desafios são enormes, mas os Céus estão abertos sobre a Europa, América, África e todos os outros lugares do mundo. Deus não se esqueceu dos confins da Terra. As nações já foram entregues a Jesus pelo Pai. A pergunta é: quem irá tomá-las das mãos de Satanás? Quem irá reivindicar aquilo que é do Senhor? Essa pessoa pode ser você!

---

[4] Nome fictício para proteção do personagem.

> **Sua casa e cidade precisam de você.**

Em todo o livro de Atos, encontramos a prática descrita no capítulo 1, versículo 8. O interessante é que, se analisarmos bem, nem todos têm chamado para a Judeia, Samaria ou os confins. Mas todos têm um chamado para Jerusalém. Exemplo disso são alguns dos grandes homens de Deus que passaram por este mundo e nunca saíram de sua Jerusalém. Foi o caso de Estêvão, o mártir, por exemplo. Ele nunca pregou o Evangelho fora de Jerusalém. Inclusive, o seu campo missionário até a morte foi sua própria cidade. E nem por isso foi considerado menos homem de Deus, pelo contrário, ele foi um dos maiores de seu tempo. Tão grande que o mencionamos até hoje. Algumas pessoas, hoje, são como Estêvão, têm chamado somente para a sua casa e cidade, e se esse for o seu caso, eu o encorajo a entregar tudo o que tem por essa causa. Afinal, a sua casa e cidade precisam de você.

Já de Atos 8 a 15, nós nos deparamos com Filipe, o evangelista, que ganhou milhares de almas para Jesus em Jerusalém, Judeia e Samaria. Ele morreu por seu povo e deixou um enorme legado. Existem, também, pessoas como Filipe, que são chamadas para ir apenas até Samaria.

Em contrapartida, de Atos 16 em diante, percebemos Paulo, o missionário transcultural, alcançando Jerusalém, Judeia, Samaria e os confins da Terra. O apóstolo trouxe redenção para povos além de

Israel, morreu fora de sua nação, e fundou centenas de igrejas pelo mundo.

    Para saber realmente para qual dessas categorias você nasceu, é necessário ouvir o que Deus tem a dizer sobre essa questão. Pergunte a Ele: "Qual é a Sua vontade para mim?"; "O Senhor quer que eu lute somente pela minha cidade? Pela nação? Ou pelos confins da Terra?". É claro que, aqui, estou me referindo tanto àqueles que têm chamado evangelístico em tempo integral, como também a quaisquer cristãos, lembrando que cada um desses atuará em níveis diferentes.

    Porém, mais do que apenas perguntar e ouvir de Deus, você precisa obedecer, porque não adianta sabermos nosso propósito se não temos coragem para nos posicionar e viver o que o Senhor preparou para nós. Portanto, ao recebermos uma palavra d'Ele acerca do nosso propósito e destino, temos de entender que não ganhamos um cargo simbólico ou um título, mas uma missão, pela qual, certamente, precisaremos abrir mão da nossa zona de conforto. Sendo assim, lembre--se: nem sempre as coisas serão fáceis, por isso é tão importante não vivermos baseados em sentimentos, e sim em fé.

Deus, eu aprendi sobre o mapa missiológico que o Senhor entregou para os Teus filhos e quero ser guiado por Ti nesse processo. Não me deixe amar as nações sem antes amar e lutar pela minha própria família, minha nação e os excluídos do meu contexto atual. Por favor, dê-me mais amor pela minha Jerusalém, Judeia, Samaria e, assim, pelos confins da Terra. Oro em nome de Jesus, amém.

Capítulo 5

EU NASCI PARA ISSO

Grande parte das perguntas que eu recebo no Instagram e em outras redes sociais tem como tema central o "chamado de Deus". Acredito que, em toda a História, nunca tenhamos falado tanto sobre esse assunto como hoje. Ainda assim, de modo geral, nós, como Igreja brasileira, entendemos muito pouco a respeito disso. Uns vão dizer que o nosso chamado é servir, outros dirão que é cantar ou pregar. As opiniões são infinitas e os experts parecem ser muitos, mas, afinal, o que, de fato, a Bíblia nos revela sobre o nosso chamado? O que Jesus disse sobre isso? Na verdade, Ele disse algo? Se sim, o quê?

Para um entendimento profundo sobre esse tema, é necessário fundamentar os dois chamados que todos os cristãos têm.

PRIMEIRO CHAMADO

Antes de qualquer coisa, fomos criados e designados para um relacionamento. Como em qualquer relação normal, conforme passamos tempo com uma pessoa, começamos a conhecê-la melhor e acessar o seu coração. Assim também acontece com Deus. Por outro lado, também é necessário entender que, apesar disso, quando tratamos a respeito d'Ele, nem sempre compreenderemos tudo. O nosso trabalho é confiar e descansar na plenitude de quem Ele é.

Algo que também é uma grande verdade é o fato de que as principais coisas que o Senhor queria que o homem conhecesse e entendesse já foram reveladas, em algum ponto, nas Escrituras. Geralmente, toda doutrina tem pelo menos uma passagem definitiva que a expresse claramente.

> Quando tratamos a respeito d'Ele, nem sempre compreenderemos tudo.

O interessante é que quando algumas expressões, temas ou palavras têm uma importância maior na Bíblia, elas são destacadas. Da mesma forma, quando as Escrituras fazem a primeira referência de algum princípio ou lei, devemos dar a ela atenção especial, pois ela será fundamental para o entendimento e interpretação correta que faremos a seguir. Isso é o que chamamos de Lei da Primeira Menção.

A partir desse entendimento, fica mais fácil compreender a respeito do nosso chamado. Ao analisarmos a Bíblia, a primeira vez que a palavra "chamado" foi mencionada está em Gênesis 3.8-9:

> Quando soprava a brisa do entardecer, o homem e sua mulher ouviram o SENHOR Deus caminhando pelo jardim e se esconderam dele entre as árvores. Então o SENHOR Deus chamou o homem e perguntou: "Onde você está?". (NVT)

Nessa passagem, Adão e Eva não resistiram à tentação e o pecado foi gerado. A Palavra nos revela que, logo em seguida, o Senhor, a fim de chamar o homem, decidiu procurá-lo. Mas chamá-lo para quê? Servir? Cantar? Pregar? Ganhar almas? Não, Deus o chamou apenas com o intuito de relacionar-se com ele. Ou seja, o primeiro chamado divino para o ser humano não foi para algum serviço, mas para um relacionamento. E se essa foi a primeira vez que a referência de "chamado" foi mencionada, precisamos nos atentar a ela e crer que boa parte do significado bíblico dessa palavra está, sim, em Gênesis 3.9.

Sendo assim, o nosso principal chamado não é fazer, e, sim, conhecer a Deus e ser conhecido por Ele.

> Ou seja, o primeiro chamado divino para o ser humano não foi para algum serviço, mas para um relacionamento.

> Nosso principal chamado não é fazer, e, sim, conhecer a Deus e ser conhecido por Ele.

Pense comigo: se Deus tivesse criado o homem e a mulher com o principal propósito de pregar o Evangelho, então, isso significaria que Ele os teria criado também para cair no pecado. Isso, porque não haveria necessidade de pregação do Evangelho sem o pecado. Jesus não precisaria morrer na cruz, não existiria redenção nem nada do tipo. Portanto, se sabemos que o Senhor não criou o ser humano para cair, também compreendemos que o seu principal chamado e propósito na Terra não é pregar o Evangelho. Antes e depois do pecado, conhecer a Deus e ser conhecido por Ele continua sendo o principal propósito do Homem. Fomos criados para uma comunhão direta com Ele.

Muitas pessoas valorizam tudo na vida cristã, menos a comunhão com Deus. Elas pensam no ministério que podem ter, no desenvolvimento de suas igrejas e até mesmo em suas conquistas em Deus, mas se esquecem do principal: valorizar o véu que foi rasgado, e, agora, nos dá acesso direto à presença de Deus.

Se não estimarmos e regarmos o nosso relacionamento íntimo e pessoal com Ele, perderemos a melhor parte do "negócio". Eu amo pregar as Boas Novas e servir ao Senhor, mas melhor ainda é estar aos Seus pés logo pelas manhãs de cada dia. Isso sempre me faz lembrar da história de Lucas 10:

Jesus e seus discípulos seguiram viagem e chegaram a um povoado onde uma mulher chamada Marta os recebeu em sua casa. Sua irmã, Maria, sentou-se aos pés de Jesus e ouvia o que ele ensinava. Marta, porém, estava ocupada com seus muitos afazeres. Foi a Jesus e disse: "Senhor, não o incomoda que minha irmã fique aí sentada enquanto eu faço todo o trabalho? Diga-lhe que venha me ajudar!". Mas o Senhor respondeu: "Marta, Marta, você se preocupa e se inquieta com todos esses detalhes. Apenas uma coisa é necessária. Quanto a Maria, ela fez a escolha certa, e ninguém tomará isso dela. (vs. 38-42 – NVT)

Maria entendeu o seu principal chamado. O que eu acho curioso nessa passagem é que as duas mulheres estavam na mesma casa. Marta, porém, estava ocupada com o seu serviço, enquanto Maria preferiu colocar-se aos pés de Jesus e ouvir os Seus ensinamentos. Quando Marta perguntou ao Senhor se Ele não estava incomodado por Maria tê-la deixado sozinha no serviço, Jesus respondeu-lhe dizendo que Maria tinha escolhido a melhor parte. Essa resposta do Mestre traduz exatamente o que estou tentando fundamentar aqui. Marta não estava servindo ao Diabo naquele momento. Na realidade, provavelmente, ela estava preparando comida para

> Conhecer a Deus e ser conhecido por Ele continua sendo o principal propósito do Homem.

Jesus. Em outras palavras, ela estava servindo a Deus. Entretanto, mesmo assim, Cristo chamou-lhe à atenção, afirmando que a melhor parte não era servi-lO, mas conhecê-lO. O segredo está, então, em aprendermos a servir ao Senhor como Marta, mas sentar aos Seus pés como Maria. A atitude de Maria deve ser o fundamento para servirmos como sua irmã, afinal o nosso principal chamado é cumprir o que Maria fez.

CHAMADO VOCACIONAL E MINISTERIAL

O segundo chamado que todos carregam é o ministerial. É de extrema importância descobrirmos para qual encargo ministerial fomos chamados a fim de entendermos nosso papel e missão para com a Igreja de Cristo. Se não descobrirmos o nosso ministério logo, viveremos uma vida sem foco e propósito.

Antes, porém, precisamos descobrir quais são os encargos ministeriais que existem, para só depois descobrirmos que ministério carregamos. Efésios 4 discorre a respeito desse assunto:

> Aquele que desceu é o mesmo que subiu acima de todos os céus, a fim de encher todas as coisas. E ele designou alguns para apóstolos, outros para profetas, outros para evangelistas, e outros para pastores e mestres, com o fim de preparar os santos para a obra do ministério, para que o corpo de

Cristo seja edificado, até que todos alcancemos a unidade da fé e do conhecimento do Filho de Deus, e cheguemos à maturidade, atingindo a medida da plenitude de Cristo. (vs.10-11 – NVT)

Essa passagem nos conta um pouco sobre os cinco ministérios principais da Igreja de Jesus, que, pontuaremos um a um para entendermos quem eles são no Corpo de Cristo.

Apóstolo

Antes do período da Nova Aliança (inaugurada em Cristo Jesus), os fenícios e gregos foram os primeiros a desenvolver e usar a palavra apóstolo; mais tarde, o Império Romano adotou a palavra e desenvolveu ainda mais o seu significado e função. Apóstolo, em sua forma mais simplista, significa alguém que foi enviado. Mas quando cavamos mais fundo e perguntamos quem era aquele que enviava, para que propósito o mensageiro era enviado e qual era a mensagem que ele carregava, descobrimos mais camadas de significado profundo e verdades que apontam para o Reino de Deus.

Dois mil anos atrás, apóstolo não era uma palavra ou título religioso, mas um termo usado em linguagem secular para descrever uma frota de navios de batalha (mas não limitado apenas aos navios) enviada por um rei numa missão específica. A missão era navegar para território estrangeiro com a finalidade de colonizar e transformá-lo num lugar com características iguais às da região de origem. O capitão do navio principal era chamado de apóstolo.

Junto com este homem, viajava uma equipe de profissionais especializados, como: professores de linguagem e cultura, arquitetos e construtores, soldados para lutar e manter ordem, médicos e muitos outros que seriam fundamentais para o sucesso e a expansão da nova colônia. O apóstolo era enviado com autoridade exclusiva do rei para supervisionar e direcionar o desenvolvimento da nova colônia. O objetivo final do apóstolo era garantir que, se o rei fosse visitar em qualquer momento aquela nova colônia, ele sentiria imediatamente como se nunca tivesse saído de sua capital. O modo de vida, cultura, linguagem, arquitetura, educação e outros aspectos deveriam ser exatamente como se praticavam em Roma.[1]

Compreendendo esse fato histórico e sociológico, entendo que os apóstolos são aqueles que Deus envia para lugares inusitados, a fim de que a cultura do seu Reino seja estabelecida através da pregação do Evangelho e fundamentação dos princípios celestiais.

Por terem essa missão, os apóstolos tocam um pouco de cada um dos outros quatro ministérios.

---

[1] ACHER, Cody. **Apóstolo no Contexto Original (Parte 1)**. *Revista Impacto*, 2017. Disponível em *https://www.revistaimpacto.com.br/apostolo-no-contexto-original-parte-1/*. Acesso em fevereiro de 2020.

Profeta

No Antigo Testamento, os profetas eram os porta-vozes de Deus e "os videntes da Terra". Hoje, eles ainda carregam a voz de Deus para o povo e conseguem enxergar o futuro no presente. No hebraico, existem duas palavras para "profeta": *Nabi*, que significa porta-voz, e *Roeh*, que é o mesmo que vidente.

Tanto é que muitos daquela época procuravam os profetas para consultarem o seu futuro. A missão deles se restringia a ouvir a voz de Deus e repassar os seus comandos ao povo. Porém, no Novo Testamento, o encargo profético sofreu uma alteração, já que antes o povo precisava de um mediador que passasse o recado de Deus para eles, e, hoje, com o véu rasgado, não precisamos mais desse facilitador. Temos livre acesso à presença e à voz do Senhor. É o que o autor de Hebreus escreveu:

> Por muito tempo Deus falou várias vezes e de diversas maneiras a nossos antepassados por meio dos profetas. E agora, nestes últimos dias, ele nos falou por meio do Filho, o qual ele designou como herdeiro de todas as coisas e por meio de quem criou o universo. (Hebreus 1.1-2 – NVT)

Antes, Deus falava por meio deles, usando-os como intermediadores, mas, agora, Ele fala diretamente conosco. Se antes os profetas eram conhecidos pelos sinais miraculosos (como Elias), hoje eles são conhecidos pela mensagem que carregam (como João Batista).

Mestre

Esses são os mais fáceis de definir. Os mestres são os encarregados de fundamentar a Igreja na Palavra, nas Escrituras Sagradas. Infelizmente, por muito tempo, e isso dura até hoje, muitos cristãos acabaram ouvindo e abraçando falsos ensinos sobre Deus e Sua Palavra.

Desde a Igreja Primitiva, heresias começaram a se espalhar pelo mundo e esses ensinamentos errados custaram caro para todos nós. E foi justamente para que isso fosse aniquilado e a Igreja fundamentada somente em Cristo e Sua Palavra, que Deus levantou os mestres. Eles têm uma graça de Deus específica para o ensino da Bíblia. Alguns dos mestres brasileiros que ouço e admiro são: Luciano Subirá, Hernandes Dias Lopes, Franklin Ferreira e Augustus Nicodemus.

Creio firmemente que uma igreja sadia deve ter um Mestre frequentando diretamente o "seu" púlpito, para que assim o corpo não se perca em ensinamentos errados. Um dos principais problemas que enxergo em muitas igrejas hoje é que poucos mestres têm subido em seus púlpitos, sobem os profetas, pastores, evangelistas, mas não os mestres. Se isso continuar acontecendo, corremos o risco de nos perder.

> O discipulado é para todos.

Pastor

Eles são os incumbidos por Deus para cuidar do rebanho do Bom Pastor Jesus. Por conta disso, carregam uma graça especial para o cuidado e discipulado. A meu ver, se a Igreja tem falhado no discipulado, é porque existem poucos pastores de verdade ou porque os que existem estão fazendo algo que Deus não lhes pediu para fazer.

O discipulado é para todos, mas os pastores recebem capacitação única que os torna aptos de ouvir, ajudar e se sensibilizar com a dor das ovelhas como ninguém. Para mim, um exemplo exímio de pastor em nossos dias é o Márcio Valadão.

O verdadeiro pastor não é aquele que é bom de púlpito, mas bom no discipulado. Os pastores devem investir muito no discipulado das ovelhas, precisam gastar suas vidas nessa crença. Os verdadeiros sentem falta da ovelha perdida quando ela sai do aprisco, e não somente isso, mas vai atrás dela para buscá-la. Pense comigo, o pastor das 100 ovelhas só foi atrás da única que se perdeu porque os seus olhos acompanhavam todas elas, ele as conhecia pelo cheiro, pelo olhar e pela forma que elas andavam. Se os pastores não conhecerem "suas" ovelhas, eles não sentirão falta quando uma delas se afastar.

Evangelista

Particularmente, cheguei na parte que mais gosto. Como sou evangelista, amo falar a respeito disso. A missão daqueles que têm um chamado para este ministério é ativar a Igreja para o "ide" e trazer os que estão fora para dentro. Eles receberam um favor específico do Céu para ganhar os perdidos para Jesus e sentir as dores e sofrimento das pessoas.

> Deus nos chamou com uma santa vocação.

Se os evangelistas decidem parar de exercer o que Deus lhes confiou, o número de conversões diminui nos cultos e eventos.

Eles carregam também a missão de ativar a Igreja do Senhor para o "ide", eles levam isso não somente para trazer os de fora para dentro, mas também são responsáveis por levar a Igreja a viver o mesmo pelo mundo.

ONDE EU ME ENCAIXO NISSO?

Diante do exposto, talvez você possa estar se perguntando: qual é o ministério que eu possuo entre os cinco? E, sinceramente, eu não posso lhe responder, mas existe um versículo que Paulo escreveu para Timóteo que pode lhe auxiliar:

> Pois Ele nos salvou e nos chamou com uma santa vocação, não em virtude das nossas obras, mas em função da sua própria

determinação e graça. Esta graça nos foi outorgada em Cristo Jesus desde os tempos eternos. (2 Timóteo 1.9 – KJA)

Repare: Deus nos chamou com uma santa vocação. Isso significa que a nossa vocação está intimamente ligada ao nosso chamado, então, se a descobrirmos, bingo! Encontraremos o nosso chamado ministerial também.

A vocação nada mais é do que uma facilidade e inclinação para a realização de algo. Existem pessoas que têm vocação para pintar, escrever, ouvir, falar, atuar, operar, liderar, administrar e por aí vai.

Por esse motivo, a primeira pergunta que você deve se fazer é: "Qual é (ou quais são) a minha vocação?". Se você a descobrir, certamente será mais fácil achar o seu ministério eclesiástico. Para clarear a sua autoanálise, mencionarei alguns pontos que, durante os anos notei, em relação a cada um dos cinco ministérios:

> A vocação nada mais é do que uma facilidade e inclinação para a realização de algo.

- Apóstolo: desbravadores; carregam um pouco de cada um dos outros quatro ministérios;

- Profeta: solitude;

- Mestre: leitura, estudo e ensino;

- Pastor: ouvir e cuidar;

- Evangelista: falar e se conectar.

É evidente que eu, assim como qualquer pessoa, tenho outras habilidades e gostos além das minhas inclinações como evangelista. Eu gosto muito de ler, ouvir, ensinar e muitas outras coisas, mas a minha vocação mesmo é falar e me conectar com os outros. Tenho facilidade por conta da graça que Deus depositou em mim, e isso está diretamente relacionado com o que Ele me chamou para fazer e ser no Corpo.

Descobri que eu era um evangelista um ano depois de ter me convertido ao cristianismo. Receber essa revelação mudou a minha vida, pois comecei a ser mais intencional no meu relacionamento com Deus e no meu testemunho para os que estavam próximos de mim.

Entretanto, antes disso, eu me lembro o quanto me culpava e condenava por não me dar bem no pastoreio e discipulado de pessoas. Eu reparava meus outros amigos, apascentando tão bem, e sempre que olhava para mim não via a mesma coisa. Igualmente, assistia vídeos de grandes mestres e me questionava o motivo de não conseguir ensinar tão bem quanto eles. Mas, ao mergulhar mais

> O Corpo de Cristo é como um conjunto de quebra-cabeças, em que um completa o outro.

profundamente na Bíblia, entendi que Deus não tinha me dado essas habilidades, e, sim, outras. No meu caso, as competências eram para o evangelismo, e foi incrível quando recebi a revelação de que era para isso que Ele havia me chamado. Precisamos entender que o Corpo de Cristo é como um conjunto de quebra-cabeças, em que um completa o outro. Eu tenho algo que muitos não têm, e muitos têm o que eu não tenho, e isso nos une para que todos sejamos inteiros e alcancemos a estatura de Cristo, como Paulo escreve em Efésios 4:

> Até que todos cheguemos à unidade da fé, e ao conhecimento do Filho de Deus, a homem perfeito, à medida da estatura completa de Cristo, para que não sejamos mais meninos inconstantes, levados em roda por todo o vento de doutrina, pelo engano dos homens que com astúcia enganam fraudulosamente. Antes, seguindo a verdade em amor, cresçamos em tudo naquele que é a cabeça, Cristo [...] (vs. 13-15)

Precisamos valorizar o que Deus desenhou, de maneira única, em cada um de nós, porque são essas habilidades, vocação, gostos e qualidades que nos farão chegar onde Ele planejou para nós. A Palavra nos garante que Ele nos chama pela nossa santa vocação, e, assim como foi comigo, em Mateus 4 aconteceu também com os doze discípulos:

Enquanto andava à beira do mar da Galileia, Jesus viu dois irmãos, Simão, também chamado Pedro, e André. Jogavam redes ao mar, pois viviam da pesca. Jesus lhes disse: "Sigam-me, e eu farei de vocês pescadores de gente". No mesmo instante, deixaram suas redes e o seguiram. Pouco adiante, Jesus viu outros dois irmãos, Tiago e João, consertando redes num barco com o pai, Zebedeu. Jesus os chamou, e eles também o seguiram de imediato, deixando para trás o barco e o pai. (vs. 18-22 – NVT)

Nesse trecho, Jesus tinha acabado de descer do monte, depois de ter orado a noite toda, foi atrás dos homens que Deus mostrara que seriam Seus discípulos. A Bíblia nos diz que, enquanto o Mestre caminhava pela beira do mar da Galileia, encontrou quatro homens; Pedro e André, que jogavam suas redes ao mar para pescar, e João e Tiago, que consertavam outras redes. Repare em algo curioso: Jesus afirmou para Pedro e André que eles pescariam almas caso O seguissem. Entretanto, Ele não disse a mesma coisa para João e Tiago. Por quê? Provavelmente, porque Pedro e André já tinham vocação para a pesca, enquanto Tiago e João não, suas vocações eram consertar redes de pescaria.

Isso fica ainda mais claro quando, mais para frente, nós nos deparamos com a vida de Pedro, uma vez que

> Deus é mestre em usar vocações para a construção do Seu Reino.

este realmente se tornou um grande pescador de almas, mas Tiago e João não. Isso não quer dizer que eles não tenham sido usados por Jesus, pelo contrário, o Mestre também utilizou a vocação deles para a Sua glória. Rede de pesca é a ferramenta que usamos para pescar e para armazenar os peixes coletados. Peixe é uma analogia às almas. Da mesma forma que o mar é uma analogia ao mundo, a rede, à Igreja de Jesus. Ou seja, se eles trabalhavam consertando redes, a partir dali eles seriam usados por Deus para o conserto da Igreja, fato que se torna nítido assim que olhamos para suas vidas. João foi o discípulo que carregou a revelação sobre as igrejas da Ásia, escrevendo a carta de Apocalipse. O interessante é que essa carta foi nada mais nada menos que o "conserto" da Igreja daquela época.

Deus é mestre em usar vocações para a construção do Seu Reino. Quanto mais rápido as descobrirmos, mais depressa acharemos o nosso chamado ministerial. Aliás, muitas crises chegam ao fim por conta disso. Eu me lembro que não entendia a razão de não conseguir cuidar de pessoas como alguns amigos faziam, como disse anteriormente. O problema é que isso fazia com que eu me comparasse com amigos que carregavam outro encargo ministerial. Assim que entendi o meu chamado e os deles, tudo fez sentido. Eu não cuidava ou ensinava como "X", "Y" ou "Z", porque não tinha a vocação e o ministério deles.

Uma igreja sadia e orgânica deve entender a vocação e ministério de seus membros, incentivando-

-os a atuar e a desenvolver o que já carregam. Profetas, liderando times de oração e intercessão; mestres, ensinando e fundamentando a Igreja nas Escrituras; pastores, cuidando das ovelhas; e evangelistas, indo atrás dos perdidos. E tudo isso porque Jesus ama e se preocupa com o Seu Corpo. Existe propósito para os cinco ministérios terem sido instituídos. É exatamente sobre isso que Paulo discorre em Efésios:

> Com cada um entendendo suas vocações ministeriais e atuando em suas respectivas áreas, sem ocupar a função de ninguém, mudaremos o mundo.

> Eles são responsáveis por preparar o povo santo para realizar sua obra e edificar o corpo de Cristo, até que todos alcancemos a unidade que a fé e o conhecimento do Filho de Deus produzem e amadureçamos, chegando à completa medida da estatura de Cristo. (Efésios 4.12-13 – NVT)

Este é o propósito: preparar o povo de Deus para realizar a sua obra e edificar a Noiva de Cristo. É para isso que nós trabalhamos. Dessa maneira, com cada um entendendo suas vocações ministeriais e atuando em suas respectivas áreas, sem ocupar a função de ninguém, mudaremos o mundo.

Deus, não me deixe esquecer do meu primeiro chamado que é conhecê-lO e ser conhecido pelo Senhor. Aumente a minha paixão e fome por conhecê-lO intimamente. Estou certo de que o lugar mais longe que eu posso ir é aos Teus pés, e, consequentemente, ao permanecer nesse lugar, descubro minha vocação, para que o Senhor seja glorificado e Sua Noiva edificada. Portanto, eu peço que me alinhe e me coloque na posição certa para a construção do Teu Reino na Terra. Por favor, dê-me mais amor pela Tua Igreja e temor para viver a minha vocação.
Em nome de Jesus, amém.

Capítulo 6

APRENDENDO A OUVIR "NÃO"

Na época em que comecei a pregar o Evangelho, logo quando voltei da Jocum, no início de 2016, fui às ruas da minha cidade falar de Jesus para todos que encontrava. A verdade é que eu tinha pouquíssimo conhecimento bíblico e prática nenhuma nesse tipo de evangelismo. Porém, meu coração queimava tanto por Cristo e por almas, que não conseguia ficar em casa.

Recordo-me do quanto, naquele período, eu me preparava em oração no meu quarto, intercedendo por tudo o que aconteceria e ainda mais pelas vidas que encontraria.

Eu me lembro da primeira vez, de como saí decidido e convicto de que as pessoas conheceriam Jesus de verdade; e eu não poderia estar mais empolgado

> Precisamos aprender a ouvir o "não" durante nossos evangelismos.

para viver tudo aquilo. Fui até à estação de metrô da minha cidade, onde eu sabia que era movimentado. Levei comigo um barbante e uma espécie de anel do tamanho da palma da mão, e a minha estratégia era abordar todos que passavam e perguntar se poderia fazer um truque de mágica. Quando recebia um "sim", rapidamente já iniciava a minha apresentação e, enquanto elas assistiam, eu ia falando de Cristo. Fiz isso com umas 15 pessoas: três delas aceitaram a Jesus e 12 disseram "não".

Porém, quando tudo terminou, apesar de eu estar contente pelos três que haviam me escutado, ainda estava muito mais incomodado pelos 12 que não tinham recebido a Mensagem. Eu poderia simplesmente ter comemorado as três vidas, mas, no fundo, fiquei mal por não ter conseguido entender a razão do fracasso com as outras pessoas. A verdade é que eu achei que seria bem mais fácil.

> Entretanto – e ainda bem –, a nossa vitória não é medida pelo número de pessoas que alcançamos, ou melhor, pelos "sins" que ouvimos, mas pelo quanto somos efetivos em amar, nos importar e, de fato, transparecer Jesus por onde passamos.

Quando entrei no meu quarto a fim de orar, o Espírito Santo me disse: "Não vá às ruas preocupado com o número de 'sins', vá com o propósito de anunciar o Evangelho. A salvação depende exclusivamente de Mim. O seu papel é apenas pregar". Assim que escutei aquelas palavras de Deus, todo o fardo pesado que estava sobre mim foi retirado, trazendo-me graça e entendimento para continuar a missão que Ele havia me dado.

Essa experiência me fez compreender uma lição essencial: precisamos aprender a ouvir o "não" durante nossos evangelismos. Do contrário, poderemos nos paralisar se isso acontecer. Da mesma forma, se fizermos tudo esperando pelo "sim", desistiremos quando ele não vier. Agora, se nos movermos pela compaixão aos perdidos, não pararemos, mesmo que não enxerguemos as conversões.

Digo isso, pois conheço muitos cristãos com um chamado missionário que começaram bem, pregando o Evangelho em todos os lugares, mas que desanimaram pouco tempo depois. A grande maioria deles não conseguiu suportar os "nãos", pensando, muitas vezes, que isso significaria a falta de sucesso no cumprimento das metas estabelecidas. Entretanto – e ainda bem –, a nossa vitória não é medida pelo número de pessoas que alcançamos, ou melhor, pelos "sins" que ouvimos, mas pelo quanto somos efetivos em amar, nos importar e, de fato, transparecer Jesus por onde passamos.

A pregação das Boas Novas, como qualquer outra tarefa do Reino de Deus, só pode ser eficaz pela obra do

Espírito Santo. E foi justamente isso que Ele me disse após minha primeira tentativa. Eu poderia me esforçar ao máximo para ser escutado, mas, no fim das contas, quem "completa" essa ação só pode ser Aquele que tem acesso ao coração do Homem.

Nesse sentido, o "não" em um evangelismo não deve ser uma desculpa para parar, mas um incentivo para ir mais fundo em nossa intencionalidade. Devemos ser levados a um lugar de oração e intercessão, correndo aos pés de Jesus, clamando pelos que ainda não O conhecem e lutando para que toda a resistência à verdade do Evangelho seja quebrada.

O "não" deve aumentar as nossas dores de parto pelas almas perdidas, enchendo o nosso coração de amor por cada uma delas. Você consegue ver? Quanto mais nos rejeitarem, mais devemos nos entregar por essas vidas, desejando a sua conversão. Não porque elas são números a serem conquistados, mas porque são amadas por Deus de maneira profunda e furiosa.

Isso me lembra, também, outro episódio interessante que

> Devemos ser levados a um lugar de oração e intercessão, correndo aos pés de Jesus, clamando pelos que ainda não O conhecem e lutando para que toda a resistência à verdade do Evangelho seja quebrada.

> Quanto mais nos rejeitarem, mais devemos nos entregar por essas vidas, desejando a sua conversão.

aconteceu em minha primeira viagem missionária, e que acabou me ensinando muito sobre esse assunto. Há uns anos, eu estava na Espanha e, assim que cheguei, não consegui conter a minha empolgação em ver o Evangelho se espalhando naquele país. Além disso, era a minha primeira vez pregando em outra nação, então o meu coração estava a "mil por hora". Logo no primeiro dia, andando pelas ruas para evangelizar, percebi que não seria tão fácil como havia imaginado.

Ao todo, abordei umas nove pessoas e, com nenhuma delas a conversa fluiu como eu queria, já que todas foram bastante resistentes. Angustiado, corri de volta ao quarto onde eu estava hospedado, comecei a chorar na presença de Deus e a clamar por aquelas almas. Ao longo da oração, senti como se Ele me instigasse a pedir por mais amor pelas pessoas. Clamei, também, para que o Senhor me direcionasse aos perdidos que Ele desejava encontrar no dia seguinte.

Ao amanhecer, tomei banho, me arrumei e parti para a cidade de Valência, localizada na costa sudeste da Espanha. Fui a uma espécie de museu muito famoso por lá, onde, com certeza, pensava eu, haveria uma grande concentração de pessoas. Não demorou muito até que avistei um casal que aparentava ser turista. Na mesma hora, o Espírito Santo me disse: "Quero que eles Me conheçam hoje". Fiquei feliz, pois senti que as primeiras pessoas que eu veria recebendo Jesus durante a minha viagem estavam a poucos metros de mim. Esperei os dois se aproximarem e pararem perto de mim para, então, puxar assunto, perguntando os seus nomes. A moça era italiana e se chamava Isabella[1]. O rapaz, Pablo[2], era peruano. Por terem amigos portugueses, os dois sabiam bastante do nosso idioma, o que facilitou muito a nossa conversa.

Depois de alguns minutos, descobri que eles eram católicos, mas que não frequentavam a igreja há anos. Enquanto conversávamos, a moça acabou se queixando de uma dor de cabeça e foi a oportunidade que eu tive para orar por ela. Feita a oração, pedi que ela atestasse se ainda doía. Quando ela fez o movimento, a dor havia desaparecido completamente. Isabella estava curada. Com essa abertura, resumi o plano de salvação para o casal e ambos aceitaram a Jesus. Foi tudo muito rápido, mas assim que eles foram embora, comecei a pular e gritar de alegria. Enquanto comemorava, eu me lembrei do dia anterior, percebendo o quanto aqueles "nãos", por piores que tivessem sido, tornaram-se o combustível que me levou aos próximos "sins".

Se as pessoas não tivessem recusado o Evangelho e a mim tantas vezes no dia anterior, talvez eu não

---

[1] Nome fictício para proteção da personagem.
[2] Nome fictício para proteção do personagem.

> Quando nos preocupamos mais em ouvir e obedecer a voz de Deus do que a dos homens ou dos nossos próprios sentimentos, não desanimamos.

tivesse buscado a direção do Senhor e muito menos ido à Valência e pregado para aquele casal. Entenda, diante do desapontamento, temos duas opções: desistir do propósito que Deus quer manifestar em nós e através de nós, ou nos submetermos a Ele e tentarmos novamente (se essa for a Sua direção).

Pense comigo, se até os pais da Igreja ouviram negativas ao Evangelho na época em que pregavam, por que conosco seria diferente? Mesmo Jesus, pregou para várias pessoas que não O receberam, entretanto Ele sabia que não podia parar. E não parou, porque também sabia exatamente quem era e qual era o Seu propósito. Quando nos preocupamos mais em ouvir e obedecer a voz de Deus do que a dos homens ou dos nossos próprios sentimentos, não desanimamos.

O interessante é que a Palavra continua nos contando que à medida que Ele era rejeitado, muitos outros davam atenção ao que o Mestre tinha a dizer:

> Assim mesmo, muitos no meio da multidão creram nele e diziam: "Quando o Cristo vier, fará mais sinais milagrosos do que este homem fez?". (João 7.31)

> Muitos samaritanos daquela cidade creram nele por causa do seguinte testemunho dado pela mulher: "Ele me disse tudo o que tenho feito". (João 4.39)

> E muitos ali creram em Jesus. (João 10.42)

A persistência de Cristo em Sua missão também nos mostra que Ele sabia que o processo de conversão era muito mais profundo e genuíno do que apenas números. Se não tivermos essa revelação, ficaremos frustrados com os "nãos" que receberemos, o que acabará roubando de nós a compaixão, o amor e a alegria em compartilhar o Evangelho com os que não o conhecessem de verdade.

PROCESSO DE CONVERSÃO

O que precisa ficar claro é que ninguém se converte ao cristianismo da noite para o dia. Existe um processo pelo qual todo ser humano passa até nascer de novo; e compreender esse processo nos faz ter outros olhos para a propagação do Evangelho. Creio que uma das parábolas de Jesus que melhor ilustra essa realidade seja a do semeador:

> Reunindo-se uma grande multidão e vindo a Jesus gente de várias cidades, ele contou esta parábola: "O semeador saiu a semear. Enquanto lançava a semente, parte dela caiu à beira do caminho; foi pisada, e as aves do céu a comeram. Parte dela caiu sobre pedras e, quando germinou, as plantas

secaram, porque não havia umidade. Outra parte caiu entre espinhos, que cresceram com ela e sufocaram as plantas. Outra ainda caiu em boa terra. Cresceu e deu boa colheita, a cem por um". Tendo dito isso, exclamou: "Aquele que tem ouvidos para ouvir, ouça!". (Lucas 8.4-8)

Nessa passagem, existem alguns simbolismos muito importantes que foram utilizados pelo Mestre. A semente representa a Palavra de Deus, enquanto o semeador é aquele que compartilha a mensagem com os outros, ou seja, nós mesmos. O coração humano é o solo onde as sementes são lançadas e ele deve ser preparado para recebê-las, de modo que elas possam criar raízes e produzir frutos.

> O Evangelho só pode ser cultivado em um coração aberto para a transformação.

As Escrituras nos asseguram que a Palavra de Deus é viva e eficaz, capaz, até mesmo, de penetrar o íntimo de todo Homem, a divisão entre sua alma e espírito (Hebreus 4.12). Entretanto, como semente, ela precisa encontrar um ambiente que esteja disposto a germinar e ser modificado pela presença de Jesus. Da mesma forma que Deus não obriga ninguém a servi-lO, o Evangelho só pode ser cultivado em um coração aberto para a transformação.

Os versículos de Lucas 8 apontam ainda uma outra característica das Boas Novas: elas são imutáveis!

Perceba como o semeador não joga um tipo diferente de semente para cada solo, mas lança a mesma semente em tipos variados de terra – nesse caso, corações diferentes. A terra, como o próprio texto bíblico revela, diz respeito a quatro tipos de corações e suas distintas maneiras de reagir à mensagem; e é sobre cada um deles que nos aprofundaremos daqui em diante:

Coração endurecido

O coração endurecido é representado pela beira do caminho (v. 5), um lugar que resiste à Palavra de Deus, de maneira que Satanás (os pássaros) devoram tudo o que é dito, ou seja, que foi lançado. Da mesma forma, esse é um local onde muitas pessoas passam, o que demonstra uma abertura do coração para todo tipo de influências e enganos. O livro de Provérbios (4.23) nos alerta para o risco de não guardarmos os nossos corações da maldade e nos tornarmos pessoas fechadas de um jeito ruim. Alguém que tem um coração assim, no qual a mensagem do Evangelho não penetra, precisa ser "arado" (Oseias 10.12) antes de receber a semente, algo que não é possível por meio da força, apenas através do Espírito Santo.

Coração superficial

Já o coração superficial (v. 6) é como um solo rochoso com uma fina camada de terra sobre ele. Uma vez que esse solo não tem profundidade, a semente plantada não consegue criar raízes. Igualmente, o Evangelho precisa de um coração que não seja superficial, para que consiga crescer e se sustentar. São as raízes em Cristo que nos fazem permanecer n'Ele, pois somos os galhos ligados à Videira Verdadeira, conforme a Bíblia nos diz (João 15).

Trata-se de uma representação do "ouvinte emocional", que aceita com toda alegria a Palavra de Deus, mas não compreende sua mensagem por inteiro, agarrando-se apenas àquilo que é conveniente. O entusiasmo pode até durar por alguns dias ou semanas, mas quando as perseguições, obstáculos, tentações e situações difíceis chegam, essa empolgação desaparece e a alegria morre.

Coração abarrotado

Temos também o coração abarrotado ou carregado (v. 7), representado pela terra que está coberta de espinhos. Quem possui um "coração espinhoso" é muito parecido com aqueles que têm um coração superficial, pois estes até recebem a Palavra de Deus, mas não experimentam a plenitude do arrependimento. Nesses casos, os espinhos sufocam as sementes, impedindo o crescimento e amadurecimento. Na verdade, esse ouvinte tem vários tipos diferentes de "sementes" competindo em seu coração — as preocupações do mundo, as ambições, as dores, entre outras — e por isso o Evangelho não tem espaço. Tais pessoas ficam presas entre dois mundos, sendo impedidas de experimentar um relacionamento em que Jesus é exclusivo.

Coração frutífero

Por último, chegamos ao "coração ideal" ou aquele que nós gostaríamos de encontrar quando saímos para evangelizar. O coração frutífero (v. 8) é a ilustração do cristão verdadeiro, que não somente recebe as Boas Novas, mas permite que ela crie raízes profundas e modifique o que for necessário. Esse, portanto, é o retrato de uma vida transformada, a evidência da verdadeira salvação. Ainda que ocorram quedas e fraquezas ao longo da caminhada, esses corações se voltam para um lugar de arrependimento.

Mesmo assim, nem todos que creem verdadeiramente nessa realidade produzem frutos na mesma quantidade. Isso se deve aos diferentes níveis de processo e progresso pelo qual cada indivíduo passa. Porém, todo cristão legítimo apresenta frutificação, já que esta é a prova de que alguém busca a santificação e está dando passos em direção ao centro da vontade de Deus.

Diante disso, com uma consciência mais profunda a respeito das variedades de pessoas que podemos encontrar, torna-se ainda mais nítido o fato de que nem todos terão a mesma disponibilidade para ouvir a nossa mensagem. Por isso, devemos estar atentos para as diferentes estratégias e direções que o Espírito

Santo nos dará em cada abordagem. Como mencionei, o melhor plano é estar diante do Senhor, pedindo que Ele aumente o nosso amor e compaixão pelos perdidos.

Além de estarmos mais sensíveis espiritualmente, teremos mais clareza a respeito dos processos que as pessoas ao nosso redor têm passado. Poderemos muito bem estar plantando o Evangelho, como regando a semente que foi plantada por alguém que veio antes de nós, ou até "colhendo uma vida" que já estava sendo arada. Sendo assim, não existe razão para reagir mal ao "não", uma vez que, pregando o Evangelho, independentemente da maneira como Deus queira usá-lo, você já estará dando mais um passo para que pessoas se aproximem de Cristo.

> Todo cristão legítimo apresenta frutificação.

Outro benefício desse posicionamento está em discernir o momento propício para dar o "ultimato". Eu, particularmente, só faço o famoso apelo para aqueles que identifico que já estão prontos para serem "colhidos". Se a situação mostra que é o tempo de simplesmente amar aquela pessoa, então é isso o que eu faço. Se sinto de apenas expor o Evangelho, jogar conversa fora ou qualquer outra coisa, sou fiel em respeitar o tempo e a abertura que tenho com cada um, mediante o que Espírito Santo conduz.

Talvez, eu e você sejamos somente o semeador ou quem regará a semente que já está germinando.

Por muitas vezes, nós chegaremos apenas para colher e, em outros casos, quem sabe, nunca veremos o fruto de uma palavra lançada. O importante é perceber se o momento está favorável, do contrário, não faz sentido fazer o apelo. O apóstolo Paulo é preciso ao descrever esse processo:

> Eu plantei, Apolo regou, mas Deus é quem fazia crescer; de modo que nem o que planta nem o que rega são alguma coisa, mas unicamente Deus, que efetua o crescimento. O que planta e o que rega têm um só propósito, e cada um será recompensado de acordo com o seu próprio trabalho. Pois nós somos cooperadores de Deus; vocês são lavoura de Deus e edifício de Deus. (1 Coríntios 3.6-9)

Nesse trecho, fica claro que Deus sempre enviará pessoas distintas para cumprir as fases da conversão. Por esse motivo, não podemos desistir de ninguém. Um "não" pode ser um sinal de que o coração de certo indivíduo ainda não está pronto para receber o Evangelho por completo. Nesse caso, o nosso papel deve ser continuar orando, amando e pregando, até que o seu solo se torne propício para que a semente crie raízes.

Não podemos desistir tão fácil das pessoas, como se o evangelismo fosse algo "8 ou 80". Em outras palavras, não podemos permanecer alimentando a mentalidade de que um "não" hoje é definitivo, mas temos de entender que, na realidade, ele é o primeiro passo em direção a aceitação da mensagem de Cristo. Como afirma o livro de Eclesiastes (9.4a), enquanto houver vida, existirá esperança, e, com a vida, sempre haverá a possibilidade de conversão. Sendo assim, nós precisamos lutar até o fim.

> Não podemos desistir tão fácil das pessoas, como se o evangelismo fosse algo "8 ou 80".

Certa vez, o príncipe dos pregadores, Charles Spurgeon, transmitiu seu sentimento acerca disso em um pequeno, mas arrebatador texto:

> Se os pecadores serão condenados, que pelo menos pulem para o inferno passando por cima de nossos corpos. Se perecerem, que pereçam com nossos braços e mãos tocando os seus joelhos, implorando que fiquem. Se o inferno tiver de ser cheio, pelo menos que seja cheio apesar de nossos esforços, e que ninguém entre ali sem estar avisado e sem que se tenha intercedido por essa pessoa.[3]

Apesar de, em um primeiro momento, parecer uma colocação muito forte, Spurgeon, na realidade, expressou algo que todos os cristãos deveriam carregar:

---

[3] SPURGEON, C. H.; CARTER, Tom (compilador). **Spurgeon at his best**. Grand Rapids: Baker Book House, 1988, reimpressão de 1991, p.67.

> Que gastemos todos os nossos esforços orando e amando cada pessoa que está distante do Senhor.

uma fome incessante pela conversão de almas. Imagine que, cada pessoa na qual paramos de insistir, caminha para uma vida sem propósito e um futuro incerto [ou certo, se pensarmos que cada uma delas está indo, literalmente, para o inferno]. Mesmo sabendo que o inferno é o destino reservado para muitas pessoas, não podemos nos conformar que elas recebam essa sentença sem conhecer, de maneira genuína e real, o outro lado da história. Como disse esse grande pregador, que gastemos todos os nossos esforços orando e amando cada pessoa que está distante do Senhor.

Por outro lado, Spurgeon não era o único que reagia dessa forma. Assim como comentei, Jesus sempre ensinou e agiu por meio da compaixão e amor pelas pessoas. E, por mais simples e óbvio que isso possa soar, o grande segredo de tudo o que tenho discorrido ao longo destes capítulos é pautado nessa dupla tão básica.

Talvez nosso maior problema seja criar expectativas erradas a respeito do que julgamos ser mais importante. Valorizamos grandes números, ainda que sejam de conversões, plateias empolgadas,

> Jesus sempre ensinou e agiu por meio da compaixão e amor pelas pessoas.

microfones, palcos e muita influência, mesmo que a desculpa seja ganhar almas para Cristo. Mas esse nunca pareceu o método que Jesus mais estimava. É claro que isso não significa que essas coisas não sejam boas ou que não possam ser úteis para o Reino de Deus, porque podem, mas só se estivermos com o coração no lugar certo. Do contrário, elas só virão para nos confundir, atrasar e revelar o nosso verdadeiro caráter.

Mesmo em meio à agitação de Seu ministério, as Escrituras nos contam, também em Lucas 8, que o Mestre decidiu gastar um dia de Sua agenda tão comprometida e corrida para se encontrar com apenas um homem: o gadareno endemoniado. Após a Sua chegada, a Bíblia relata que aquele homem, que agia como animal, andava pelado pelas ruas e morava em sepulcros, foi completamente liberto. Não sei você, mas isso me diz muito sobre o que, de fato, era prioridade para Jesus. Aquele homem era importante. Importante a tal ponto que Ele pegou um barco, dirigiu-se para aquela cidade com Seus discípulos, encontrou o gadareno e o libertou. As pessoas importam. Cada uma delas tem valor e um espaço único no Reino, mas, infelizmente, muitas não sabem disso. Não sabem que foram criadas para

> As pessoas importam. Cada uma delas tem valor e um espaço único no Reino.

a realeza, para viverem eternamente em um reino feito de paz, justiça e alegria. E eu consigo entender, porque tudo o que elas conhecem é dor, medo, tristeza, vergonha e mentira. Essa é a realidade delas. Mas não é a nossa; e enquanto não nos colocarmos nesse lugar de compaixão e amor, jamais conseguiremos mostrar verdadeiramente o coração de Jesus por elas.

Sempre que penso nisso, eu me lembro da parábola da "ovelha perdida", talvez uma das passagens bíblicas que mais falam comigo em toda a Palavra. Lucas escreveu:

> Todos os publicanos e pecadores estavam se reunindo para ouvi-lo. Mas os fariseus e os mestres da lei o criticavam: "Este homem recebe pecadores e come com eles". Então Jesus lhes contou esta parábola: "Qual de vocês que, possuindo cem ovelhas, e perdendo uma, não deixa as noventa e nove no campo e vai atrás da ovelha perdida, até encontrá-la? E quando a encontra, coloca-a alegremente sobre os ombros e vai para casa. Ao chegar, reúne seus amigos e vizinhos e diz: 'Alegrem-se comigo, pois encontrei minha ovelha perdida'. Eu lhes digo que, da mesma forma, haverá mais alegria no céu por um pecador que se arrepende do que por noventa e nove justos que não precisam arrepender-se". (Lucas 15.1-7)

O que me choca é que mesmo com a garantia de um número grande de ovelhas, o pastor decide arriscar todas as outras por uma delas que havia se

> Por mais que seja lindo ver noventa e nove unidos em comunhão, o Senhor nunca tirará a Sua atenção do "um" que está distante.

perdido. As noventa e nove juntas não valiam mais do que aquela única ovelha que estava longe. Na realidade, todas tinham o mesmo valor para o Pastor. Do ponto de vista humano, se analisarmos de maneira fria, isso é totalmente irracional e sem fundamento. Mas, por mais surpreendente e escandaloso que seja, essa é a lógica do Céu. E foi justamente lendo esse mesmo trecho que mais tarde entendi: *99 não é 100*.

Eu odeio Matemática. Nunca fui de exatas; na verdade, sempre me dei mal nessa matéria. Mas eu amo e me constranjo com a matemática de Deus. Isso, porque o "um" é vital para tornar a alegria do Pai ainda maior.

Por mais que seja lindo ver noventa e nove unidos em comunhão, o Senhor nunca tirará a Sua atenção do "um" que está distante. É engraçado pensar assim, pois sempre que raciocinamos acerca dessa busca do Pai, nós nos depararemos com o "Ide" (Marcos 16.15), e como esse direcionamento estava intimamente ligado ao coração e visão de Deus sobre a família celestial:

> Falava ainda Jesus à multidão quando sua mãe e seus irmãos chegaram do lado de fora, querendo falar com ele. Alguém

lhe disse: "Tua mãe e teus irmãos estão lá fora e querem falar contigo". "Quem é minha mãe, e quem são meus irmãos?", perguntou ele. E, estendendo a mão para os discípulos, disse: "Aqui estão minha mãe e meus irmãos! Pois quem faz a vontade de meu Pai que está nos céus, este é meu irmão, minha irmã e minha mãe". (Mateus 12.46-50)

Em outra ocasião, o Mestre disse aos Seus discípulos:

Ninguém tem maior amor do que aquele que dá a sua vida pelos seus amigos. Vocês serão meus amigos, se fizerem o que eu ordeno. Já não os chamo servos, porque o servo não sabe o que o seu senhor faz. Em vez disso, eu os tenho chamado amigos, porque tudo o que ouvi de meu Pai eu tornei conhecido a vocês. Vocês não me escolheram, mas eu os escolhi para irem e darem fruto, fruto que permaneça, a fim de que o Pai conceda a vocês o que pedirem em meu nome. (João 15.13-16)

Mais do que simples servos ou membros de uma denominação, nós somos parte da família de Deus. Se essa verdade estiver muito bem fundamentada em nossos corações, teremos muito mais prazer e motivação na busca por nossos "irmãos perdidos". Não só isso, mas se os amarmos profundamente e os

> Mais do que simples servos ou membros de uma denominação, nós somos parte da família de Deus.

> Não há ninguém na face da Terra que não precise de Jesus.

enxergarmos como Cristo faz conosco e nos ensinou, não nos ofenderemos tanto com os seus "nãos", mas lutaremos violentamente por eles, afinal é isso o que a família faz – ou /deveria fazer.

Portanto, escolha enxergar com a lógica celestial e superestimar o que Jesus valoriza, para que aprendamos diariamente a não encarar ninguém como um número conquistado ou uma meta a ser batida, mas como ovelhas amadas pelo Bom Pastor. Essas pessoas, como você sabe, estão por todos os lugares: nas escolas, faculdades, ruas, bares, boates, prostíbulos, prisões e até em "famílias boas", que pensam que a generosidade e bondade podem levá-las ao Céu. Não há ninguém na face da Terra que não precise de Jesus. Todos necessitamos da Graça, do sacrifício de Cristo e mudança de mentalidade constante. Mas como eles saberão se não pregarmos? É nossa responsabilidade, como filhos de Deus e embaixadores do Reino, testemunhar sobre a transformação de

> É nossa responsabilidade, como filhos de Deus e embaixadores do Reino, testemunhar sobre a transformação de vida e mente que recebemos todos os dias em nossa caminhada com o Senhor.

vida e mente que recebemos todos os dias em nossa caminhada com o Senhor.

O meu desejo é que, a partir de hoje, a matemática de Deus confronte o seu coração para valorizar o que realmente é importante. Existem muitos "uns" que precisam ser encontrados por aí, e, para começar, você não precisa de muito, apenas manter em mente que *99 não é 100.*

Jesus, eu desejo ver o perdido com os Teus olhos. Não permita que eu me alimente dos resultados da pregação do Evangelho; que a minha comida seja unicamente satisfazer uma das maiores vontades do meu Pai: cumprir o "Ide" neste mundo. Guarde o meu coração de ser movido pelo êxito e me ensine a permanecer no lugar de compaixão. Por favor, fortaleça a minha alma diante de qualquer "não" que eu possa receber ou tenho recebido. Gere em mim um coração fiel em pregar o Evangelho independentemente dos frutos. Em Teu nome, amém.

Capítulo 7
A LUZ NAS TREVAS

Quando eu voltei para Jesus, há quatro anos, eu me lembro de precisar tomar várias decisões na minha vida. Algumas foram boas, outras ruins, umas certas e outras erradas. Naquela época, talvez uma das decisões mais radicais foi ter me afastado dos meus amigos e colegas do "mundão". Durante os anos que fiquei longe de Deus, acabei me conectando com muitas pessoas, o que era bem fácil para mim pelo fato de sempre ter sido muito comunicativo. Eu nunca tive problemas com vergonha ou algo do tipo, então, não era complicado para mim me aproximar e me relacionar com os outros, tanto de forma rasa como profunda.

Nesse tempo, fiz bons amigos e conheci pessoas que, ainda que não fossem próximas de Jesus, sabia que me dariam qualquer tipo de apoio que eu precisasse. Entre todos os amigos que tinha, cinco deles eram os mais chegados, como irmãos mesmo. Felipe, Nícolas,

Henrique, Daniel e Gabriel[1]. Minha conexão com eles era profundamente verdadeira e eu tinha certeza do quanto podia contar com cada um para o que fosse.

> "Volte, vá atrás deles e fale de Mim".

Com eles, vivi coisas boas e ruins, dos 14 aos 18 anos. Íamos para festas, casa de amigos, resenhas, academia e colégio. Fazíamos tudo juntos, desde jogar futebol até usar drogas. Éramos, realmente, bem próximos. Quando eu me converti, em vez de tomar a decisão de ganhá-los para Jesus, escolhi me distanciar de todos eles. Por quê? Eu tinha medo de me afastar do Senhor. Isso, porque acreditava que eles me influenciariam a voltar para as loucuras da vida.

Por isso, naquela época, eu optei por me distanciar deles por um período e voltar a me aproximar de todos, tempos mais tarde. Não foi fácil. Por dias, chorei e sofri muito, mas permaneci firme, pois acreditava ser o necessário para mim. Meses se passaram, e nossa conexão acabou diminuindo, e, por mais lógico que isso fosse, após a minha escolha, isso foi me destruindo. Eu os amava verdadeiramente, assim como ainda os amo hoje. Depois de mais ou menos um ano longe de todos eles, enquanto eu orava no bosque, o Espírito Santo me disse: "Filho, você se afastou deles por um bom motivo, mas não foi certo. Eu nunca lhe pedi isso! "Volte, vá

---

[1] Nomes fictícios para proteção dos personagens.

atrás deles e fale de Mim". Parecia que o mundo ao meu redor tinha desabado. Na mesma hora, senti uma angústia profunda, como se uma espada tivesse penetrado o meu coração e a minha alma. Novamente fui levado às lágrimas por eles.

    Alguns dias depois, decidi ir atrás de um deles. Liguei e, enquanto conversávamos, o Daniel me perguntou: "Por que você apareceu depois de um ano sumido?". "Quero muito que você vá um dia na reunião do movimento que lidero. Eu preciso apresentar Jesus a você. Ele é a melhor pessoa que eu conheci na vida! Ele tem um plano para a sua vida e eu quero que você comece a conhecê-lO", eu respondi. A essa altura, eu estava praticamente chorando na ligação. Tudo parecia estar dando certo, até que ele respondeu: "Mano, eu precisei de você durante esse ano inteiro. A minha vida virou de cabeça para baixo; pensei em suicídio diversas vezes! Olhei para o lado e procurei você, mas logo percebi que sua religião tinha tirado a sua amizade de mim. Se esse Jesus que você deseja me apresentar foi O mesmo que pediu que você renunciasse a nossa amizade, não me apresente, porque Ele deve ser um monstro". Enquanto ele falava, comecei a bolar uma resposta, mas antes que eu pudesse responder, após dizer tudo isso, ele desligou o telefone na minha cara. O que eu senti

> Sua religião tinha tirado a sua amizade de mim.

naquele dia era uma mistura de angústia com culpa. Tentei ligar novamente, mas não tive sucesso.

Os dias foram se passando e eu não conseguia pensar em nada além dele e daquela ligação. Eu me lembro que, certo dia, enquanto orava, Deus me disse: "Baseado no que você viveu com o Daniel, eu vou lhe ensinar um princípio que você nunca deve se esquecer: santidade não é se afastar do meio, mas estar no meio e não se corromper".

Naquele instante, Deus começou a me confrontar e ensinar mais profundamente

> Santidade não é se afastar do meio, mas estar no meio e não se corromper.

sobre o verdadeiro significado de santidade. Muitas pessoas se afastam dos amigos do "mundo" e dos colegas ímpios, porque acreditam que essa decisão os firmará ainda mais no processo de santificação, porém, se pararmos para pensar, isso não faz o menor sentido com aquilo que professamos. O profeta Daniel é um exemplo claro disso. Ele foi um dos homens mais santos e retos da Bíblia e foi colocado na Babilônia, o ambiente mais podre e escuro daquela época. As Escrituras nos dizem que ele não ia até esse reino, mas sim que vivia nele, o que é bem diferente. Se pudéssemos fazer uma comparação, essa cidade seria o lugar mais escuro e anticristão que você acredita existir hoje. Mesmo assim, Daniel vivia lá e permaneceu puro diante de Deus e dos homens. Esse profeta só nos prova que santidade não tem a ver com o externo, mas com o interno. É o que está firmado dentro de nós que conta, de fato. Jesus explica bem sobre isso em Marcos 7:

> Jesus chamou a multidão para perto de si e disse: "Ouçam, todos vocês, e procurem entender. Não é o que entra no corpo que os contamina; vocês se contaminam com o que sai do coração. Quem tem ouvidos para ouvir, ouça com atenção!". (Marcos 7.14-16 – NVT)

O pecado não é aquilo que entra, mas o que permitimos que fique dentro de nós. Se queremos andar em retidão diante de Deus, não adianta lavarmos as nossas mãos (isto é, cuidar do exterior, como nos afastarmos dos nossos amigos, por exemplo), precisamos limpar os nossos corações, e isso só é possível por meio do nosso relacionamento com o Espírito Santo.

Enquanto faz a leitura destas páginas, quem sabe você se identifique com tudo isso e até tenha se distanciado dos seus amigos do mundo temendo se afastar de Jesus. Eu entendo você, porque já pensei dessa forma. Contudo, quando entendemos quem somos, e vivemos uma vida apaixonada por Deus, nada nem ninguém é capaz de tirar os nossos olhos d'Ele. A menos que deixemos que isso aconteça.

> Precisamos limpar os nossos corações.

Não fomos chamados para fugir do mundo, temendo que ele nos influencie. Na verdade, Deus nos convida para fazermos o contrário: avançarmos em direção aos perdidos para que eles sejam tocados e transformados por aquilo que carregamos.

Na época da Antiga Aliança, se um leproso tocasse ou ao menos chegasse perto de alguém, a doença que ele tinha passaria para os outros. Isso significa que, na Lei, era necessário se afastar daqueles que tinham essa doença, senão ela se espalharia aos demais à sua volta. Entretanto, na Nova Aliança, Jesus nos ensinou um princípio ao curar uma pessoa:

> Num povoado, Jesus encontrou um homem coberto de lepra. Quando o homem viu Jesus, prostrou-se com o rosto em terra e suplicou para ser curado, dizendo: "Se o senhor quiser, pode me curar e me deixar limpo". Jesus estendeu a mão e o tocou. "Eu quero", respondeu. "Seja curado e fique limpo!" No mesmo instante, a lepra desapareceu. (Lucas .12-13 – NVT)

O que eu mais gosto nesse trecho de Lucas é o fato de nos mostrar que Jesus não apenas Se encontrou com aquele leproso, mas que Se aproximou dele. Ali, Cristo já estava indo contra tudo o que era esperado ou permitido, porém, como se não bastasse, a Palavra nos diz que Ele decidiu tocar aquele homem. Fico imaginando a reação dos que estavam por perto; o escândalo, o pavor ou o espanto que tiveram ao se depararem com essa cena. O melhor nessa história é que nada mudou no Filho de Deus depois desse toque, mas, felizmente, não podemos dizer o mesmo a respeito do leproso. As Escrituras nos dizem que assim que Ele o tocou, as lepras desapareceram.

Nessa passagem, Jesus nos ensina um princípio fantástico: na Antiga Aliança, o meio nos influenciava e contaminava, mas na Nova Aliança, somos nós que "contaminamos" os ambientes. Em outras palavras, hoje, quando o leproso nos toca, nada acontece, mas quando o tocamos, ele é curado.

Agora se pararmos para pensar em nossa realidade, no contexto em que escrevo este capítulo, os leprosos dos nossos dias são aqueles que ainda não conheceram a Deus. Por isso, quero levar você a fazer algumas perguntas para si mesmo: Quem são os leprosos que estão ao seu redor? Você tem tocado cada um e interferido na vida deles com a sua forma de viver? Ou tem se afastado, temendo pegar lepra também?

> Na Nova Aliança, somos nós que "contaminamos" os ambientes.

Se você se distancia deles com medo de ser influenciado, isso quer dizer que sua mente está vivendo debaixo do entendimento da Antiga Aliança, e não da Nova, inaugurada em Cristo. A lógica deve ser: quanto mais perto estivermos dos leprosos, mais saudáveis eles ficarão. Precisamos nos aproximar ao máximo e nos tornarmos seus melhores amigos.

E, tocando nesse assunto, eu me lembro que em dezembro de 2019, eu fui a uma boate de Brasília chamada "Bamboa", uma das que, como Céu na Terra, mais frequentamos para pregar o Evangelho. Naquela ocasião, cheguei no local com uma direção específica de Deus: focar o meu evangelismo a noite inteira em um grupo de meninos.

> Eu tinha apenas uma palavra de conhecimento e um coração cheio de compaixão por eles.

Comecei, então, a procurar esses grupos e achei vários, mas somente um deles fez o meu coração bater mais forte. Eles estavam em cinco e, aparentemente, drogados e destruídos. Fiquei ao lado dos cinco, e para onde eles iam, eu ia também, esperando a hora certa para "atacar". Foi quando, de repente, todos pararam e ficaram me olhando. Descobri segundos depois que eles achavam que eu queria comprar drogas ou arranjar briga. Quando percebi que poderia ter problemas, decidi abordá-los. Eu tinha apenas uma palavra de conhecimento e um coração cheio de compaixão por eles.

Começamos a conversar e a curtir a música, e depois de pouco mais de dez minutos, contei-lhes a verdade:

disse que era cristão e expliquei o porquê estava ali. Na mesma hora, eles se assustaram e fixaram seus olhos em mim. Compartilhei a palavra de conhecimento e quatro dos cinco disseram que fazia sentido para eles. Levei o grupo para a área de fumo (local que não tinha música alta), e lá, expliquei ainda mais sobre Jesus e as Suas Boas Notícias.

Assim que finalizei e estava pronto para fazer o apelo, o Espírito Santo me disse: "Não, agora não, a semente ainda não penetrou em seus corações. Entre novamente com eles e fique até o fim. Ame-os e continue falando do Meu amor". Obedeci e entramos na boate. Fiquei da 1h da manhã até às 05h15 com eles. Amei cada um dos cinco e reguei a semente do Evangelho que tinha plantado. Assim que o *show* acabou, eu os deixei em suas casas.

> Cristo me tornou amigo deles e eu decidi aceitar o convite.

O legal é que, na mesma semana, saímos para comer pizza e jogar *videogame*. Durante esse encontro, pude regar mais ainda o Evangelho e conhecer alguns outros que andavam com eles. Pouco a pouco, eu me tornei amigo deles, sempre indo em "resenhas" e festas pequenas que organizavam somente para me aproximar de todos.

Em fevereiro de 2020, dois meses após o evangelismo, três dos cinco já tinha se batizado e dezoito amigos deles aceitaram a Jesus e, hoje, andam comigo. Tudo isso porque Cristo me tornou amigo deles e eu decidi aceitar o convite. Se eu não tivesse dito sim e me aproximado daquele grupo, isso não teria acontecido.

Muitas vezes, ficamos apáticos em relação à dor dos perdidos porque não temos proximidade nenhuma com eles. Resumimos o nosso círculo de amigos em cristãos e mais cristãos, esquecendo-nos que o próprio Cristo se sentava ao redor de publicanos e pecadores. Não podemos permanecer indiferentes ao manter contato com os leprosos e perdidos, não tem como! Ainda que não expressem, muitos deles não conseguem buscar ajuda em Deus por si mesmos, pois estão paralisados. E como terão um encontro com Jesus e o Evangelho se nós não os levarmos para esse contato? O mundo precisa de bons amigos cristãos.

Há mais de dois mil anos, existiu um homem descrito na Bíblia, como alguém sem nome que queria muito ter um encontro com Jesus. Porém, para que isso acontecesse, ele precisaria de um milagre, porque a distância que o separava do Senhor era enorme. Como ele era paralítico, lamentou-se por alguns dias, já que queria ter um encontro com o Mestre, mas não podia ir sozinho. De repente, algo aconteceu: quatro de seus amigos judeus, sem que ele pedisse, ofereceram ajuda. Eles queriam muito que aquele encontro acontecesse.

Então, fizeram uma maca, colocaram o paralítico em cima, e caminharam com ele até a casa que Jesus se encontrava. Ao chegarem lá, depararam-se com outro desafio: a casa que o Mestre estava tinha centenas de pessoas, impossibilitando qualquer um de entrar ou chegar perto. Sempre que leio essa história, imagino que, nesse momento, muito provavelmente, o paralítico deva ter tocado em seus amigos e dito: "Está tudo bem! Vocês deram o máximo que podiam por mim! Já estou constrangido com o amor de vocês, obrigado!". Porém, esse trecho bíblico nos mostra que, talvez, o paralítico não tivesse dimensão total do amor que aqueles homens tinham por ele.

Não contentes, eles maquinaram um plano para viabilizar o encontro entre o amigo e Jesus. Como a multidão não se dissipava, decidiram abrir um buraco no telhado e levá-lo por cima da casa. O amor que tinham por aquele homem era maior que o cansaço físico, que a distância, a demora e todas as circunstâncias nada favoráveis daquele momento. A narrativa continua e a Bíblia nos conta que enquanto o Mestre falava e a multidão ouvia, os quatro amigos desceram o homem pelo telhado. O melhor, porém, foi que eles não só conseguiram o feito como, além de curado, ele foi salvo. Essa é a história do paralítico de Cafarnaum, narrada em Marcos:

> Dias depois, quando Jesus retornou a Cafarnaum, a notícia de que ele tinha voltado se espalhou rapidamente. Em pouco tempo, a casa onde estava hospedado ficou tão

cheia que não havia lugar nem do lado de fora da porta. Enquanto ele anunciava a palavra de Deus, quatro homens vieram carregando um paralítico numa maca. Por causa da multidão, não tinham como levá-lo até Jesus. Então abriram um buraco no teto, acima de onde Jesus estava. Em seguida, baixaram o homem na maca, bem na frente dele. Ao ver a fé que eles tinham, Jesus disse ao paralítico: "Filho, seus pecados estão perdoados". (Marcos 2.1-5 – NVT)

O que me surpreende nesse trecho é o porquê daquele paralítico ter sido perdoado dos seus pecados e curado. Jesus disse, pela primeira e única vez na História, que aquele homem fora salvo pela fé dos amigos que tinha. Isso é impressionante! A fé de quatro amigos salvou uma pessoa.

> Infelizmente, a religião tirou muitos cristãos da mesa que os pecadores participavam.

A Bíblia não relata, mas eu tenho convicção de que aqueles quatro homens já tinham tido um encontro com Jesus, afinal somente dessa forma eles teriam a certeza de que Cristo poderia curar o seu amigo. É nessa passagem que entendemos, claramente, que existem bênçãos condicionadas a pessoas que estão ao nosso redor. Muitas delas não são abençoadas por Deus porque não têm amigos(as) que amam o Senhor verdadeiramente.

Diante disso, toda vez que leio essa passagem, faço a mim mesmo duas perguntas:

- E se aquele paralítico não tivesse os quatro amigos que já tinham vivenciado um encontro com Jesus, ele ainda assim teria tido essa experiência?
- Eu tenho sido um bom amigo para os "paralíticos" que estão ao meu redor da mesma forma que aqueles quatro homens?

É claro que não estou me referindo a paralíticos físicos, mas, sim, espirituais. Existem pessoas ao nosso redor que não conseguem por si só se achegarem a Deus, pois estão paralisadas espiritualmente. Elas precisam de ajuda, de amigos que já tiveram um encontro com o Senhor para os levarem até Ele. Se você não é essa pessoa, quem será?

Infelizmente, a religião tirou muitos cristãos da mesa que os pecadores participavam. É por conta disso que tantos odeiam a Igreja e os "crentes". Quantos não se convertem a Cristo e, em vez de seguirem os passos de Jesus e se aproximarem dos perdidos com o amor de Deus, afastam-se, agindo como se fossem "santos demais" para se assentarem com eles? Precisamos corrigir isso urgentemente!

> Aproxime-se ao máximo daqueles que não conhecem a Deus ainda e ame-os verdadeiramente.

Aqui, em Brasília, tenho me esforçado dia após dia para ser como Jesus nesse sentido: assentando-me, criando amizade e amando cada vez mais as pessoas que não pisam na Igreja. Tenho tentado me tornar um amigo fiel para todos eles, e os testemunhos a respeito disso são incríveis.

É por esse motivo que gostaria de lhe encorajar e passar um "dever de casa". Aproxime-se ao máximo daqueles que não conhecem a Deus ainda e ame-os verdadeiramente. Podem ser pessoas da sua escola, da faculdade, da vizinhança e do trabalho. Ame-os com tudo o que você é e mais: prove o seu amor por eles. Faça isso até o dia do "porquê" chegar (e, acredite, ele virá). "Por que você tem me amado tanto? Por que você tem feito 'X', 'Y' e 'Z' por mim?". E quando esse momento acontecer, você poderá responder com a razão: "Eu tenho amado você assim porque um Amigo meu me pediu para fazer isso: Jesus! Ele quer muito que você O conheça! Que tal irmos um dia lá na minha célula ou igreja? Você vai gostar muito!". Posso garantir que, certamente, você verá um amigo dizendo "sim" para o seu convite e, em consequência, para Deus, afinal o seu amor por essa pessoa revelará o quanto o Senhor a ama.

> O seu amor por essa pessoa revelará o quanto o Senhor a ama.

P.S.: *A correção do "dever de casa" será feita pelo Espírito Santo. Ele é o melhor professor de todos e poderá ajudá-lo e direcioná-lo nessa tarefa. Caso algum dia nos encontremos, diga-me como foi. Vou gostar muito de escutar as histórias.*

Jesus, eu peço que o Senhor me mostre a importância que existe em estar no meio dos lugares escuros e frios. Eu entendo que se carrego a Tua luz e o Teu fogo, eu preciso estar infiltrado nesses lugares, mas, confesso, às vezes, sinto medo de ser contaminado. Tire isso de mim para que eu cumpra a Tua missão nos lugares mais improváveis e escuros que existem. Oro em Teu nome, amém.

Capítulo 8

QUEM SÃO OS EVANGELISTAS?

Muitos têm uma imagem limitada a respeito dos evangelistas. Eu mesmo já fui uma dessas pessoas. Inclusive, foi por conta de alguns pensamentos preconcebidos que eu tinha, que, durante muito tempo, acreditei que os evangelistas deviam viver somente fora da Igreja, ganhando almas para Jesus.

Por pensar assim, no meu primeiro ano de convertido, não só foquei, mas gastei todas as minhas energias fora da igreja, sem me preocupar nem um pouco com a minha congregação local.[1] Ia às ruas diariamente atrás das ovelhas perdidas do Senhor, porém não ajudava em minha igreja local em culto nenhum. Apenas entrava, sentava em uma das cadeiras, ouvia um bom sermão e ia embora, acreditando que tinha feito a minha parte como Corpo de Cristo.

---

[1] Igreja Internacional da Reconciliação (IIR) em Brasília, DF.

Vivi dessa forma por pura ignorância e, também, por ter me ferido com a igreja tempos atrás. Antes de ter me afastado do Senhor, quando tinha 14 anos de idade, perdi uma de minhas irmãs para o suicídio, e, na época, eu não entendi nada, até porque ela aparentava ser muito feliz e alegre. Fiquei totalmente abalado, o que me tornou cético em relação a Deus. Minha família tinha contato próximo com três igrejas locais, que, por sinal, eram bem grandes. Muitas pessoas nos conheciam e conviviam conosco. Na época, eu tocava bateria em uma dessas igrejas e participava ativamente dos acampamentos e programações de nossa comunidade.

Centenas dos nossos irmãos na fé souberam do acontecido e do tamanho da nossa dor, entretanto, por incrível que pareça, ninguém foi atrás de mim e do resto de minha família. Ninguém! Diante disso, eu me feri muito com os cristãos dessas comunidades. Após esse acontecimento, comecei a me afastar de Jesus e essa ferida passou a aumentar. Anos mais tarde, quando voltei para Cristo, confesso que ainda carregava alguns machucados e certas dores com relação à igreja. Por outro lado, quanto mais o tempo passava e mais andava com Deus, mais eu avançava no processo de cura e de tratamento do meu coração. Todos esses acontecimentos me fizeram viver mais fora do que dentro da igreja local; e quando digo "mais fora do que dentro", refiro-me ao meu envolvimento como evangelista. Minhas feridas e traumas com a igreja me fizeram recuar no relacionamento com eles.

Hoje, os casos que mais encontramos nas ruas, de pessoas afastadas de Jesus, são daquelas que foram, de alguma forma, feridas pela igreja local. E por também ter passado por tudo isso, eu até entendo o que muitos pensam ou sentem. Contudo, nesse processo, compreendi que a nossa dor, por maior que seja, não pode justificar o nosso desligamento do Corpo de Cristo.

Milhares de cristãos apenas apontam os erros da Igreja e preferem se afastar, mas poucos são os que enxergam o problema e decidem resolvê-lo. Não podemos mais fazer parte da maioria, precisamos mudar essas estatísticas. Logo, enxergou algum problema? Não se afaste e se torne um "desigrejado", mas se envolva ainda mais e, em amor, busque trazer soluções, corrigir e servir.

É importante sempre mantermos em mente que a Igreja – tanto local quanto o Corpo de Cristo – é feita por pessoas, que, apesar de estarem caminhando em direção a Jesus e passando pelo processo de santificação, certamente ainda vão errar. Nós não somos perfeitos e ninguém atingirá a perfeição nesta Terra. O nosso papel é estender graça, amor e enxergar os outros com compaixão, assim como Cristo nos ensina. Não é fácil viver em comunidade. É necessário coragem e amor para decidir estabelecer e manter um relacionamento com as pessoas. Entretanto, a Bíblia nos ensina que é justamente assim que somos desafiados e aprovados em nosso caráter. Em outras palavras, é dessa forma que nos tornamos mais parecidos com Cristo:

> Assim como o ferro afia o ferro, o homem afia o seu companheiro. (Provérbios 27.17)

Sinceramente, é muito mais fácil desistir do que permanecer. Isso, porque desenvolver relacionamento com Deus e com as pessoas custa. Amar custa. É como C. S. Lewis, um dos maiores escritores e pensadores do século passado, disse:

> Amar é sempre ser vulnerável. Ame qualquer coisa e certamente seu coração vai doer e talvez se partir. Se quiser ter a certeza de mantê-lo intacto, você não deve entregá-lo a ninguém, nem mesmo a um animal. Envolva-o cuidadosamente em seus hobbies e pequenos luxos, evite qualquer envolvimento, guarde-o na segurança do esquife de seu egoísmo. Mas nesse esquife – seguro, sem movimento, sem ar – ele vai mudar. Ele não vai se partir – vai tornar-se indestrutível, impenetrável, irredimível. A alternativa a uma tragédia ou pelo menos ao risco de uma tragédia é a condenação. O único lugar além do céu onde se pode estar perfeitamente a salvo de todos os riscos e perturbações do amor é o inferno.[2]

---

[2] LEWIS, C. S. **Os quatro amores**. São Paulo: WMF Martins Fontes, 2009.

> As pessoas, inevitavelmente, errarão conosco, mas nós também faremos o mesmo com elas. É por conta disso que os nossos olhos e expectativas precisam estar em Cristo, e não nas pessoas.

Amar custa, mas vale a pena, porque é nesse caminho de vulnerabilidade que somos tratados, curados e alinhados em nosso homem interior. Quanto mais nos permitimos amar com o amor divino, mais passamos a enxergar os indivíduos e suas humanidades com a perspectiva de Deus.[3] As pessoas, inevitavelmente, errarão conosco, mas nós também faremos o mesmo com elas. É por conta disso que os nossos olhos e expectativas precisam estar em Cristo, e não nas pessoas. Seja um membro de igreja, um pastor, líder ou quaisquer outros seres humanos, por melhor e mais tratados que sejam, estando em cargos de liderança ou não, é fato que eles falharão conosco, mas isso não pode ser motivo para nos fazer abandonar o barco, afinal, o que Jesus tem a ver com tudo isso? Se Ele é perfeito e nunca erra, por que tantos decidem abandoná-lO por decepções com outras pessoas?

Algo que aprendi em minha jornada com Deus é que Ele ama a Sua Igreja, por mais imperfeita que ela seja. Jesus não exige perfeição de nós, mas espera um

---

[3] Leia 1 Coríntios 13.

coração quebrantado e sincero, que sempre está disposto a se submeter às constantes transformações que Ele quer desenvolver em nosso caráter e mente. Não precisamos ser perfeitos, mas temos de obedecer e escolher nos colocar debaixo da liderança de Cristo para nos tornarmos mais parecidos com Ele.

> Jesus não exige perfeição de nós, mas espera um coração quebrantado e sincero, que sempre está disposto a se submeter às constantes transformações que Ele quer desenvolver em nosso caráter e mente.

É bem verdade também que, infelizmente, estar na Igreja não é um sinônimo de ser discípulo de Cristo. Muitos frequentam comunidades apenas por temerem o Inferno, ou seja, por religiosidade, porque são obrigados pelos pais ou porque, quando pequenos, aprenderam que deveria ser assim. Mas isso não significa que esses conhecem a Deus de fato, ou que têm intimidade com Ele, o que, muitas vezes, torna o relacionamento interpessoal ainda mais difícil, já que provavelmente essas pessoas não estão passando pelo processo de santificação à imagem de Cristo. Porém, nós estamos e precisamos estar cada vez mais engajados nessa questão, e ainda que a resposta deles não seja o que esperamos, a nossa precisa ser a que Jesus espera de nós.

Não é sobre fazer justiça baseada no que as pessoas merecem, e sim sobre o quão parecidos estamos com Cristo a ponto de sermos capazes de agir como Ele agiria.

Portanto, o meu convite, hoje, é para que você escolha estender graça e cultivar um olhar de amor verdadeiro para todos ao seu redor, principalmente para os da sua comunidade local. Lembre-se: se Jesus, que tinha todos os motivos contrários, decidiu nos perdoar e amar, quem somos nós para não agir assim também?

Ao entender tudo isso, Deus começou a me mostrar o quanto essa desunião ou falta de altruísmo no Corpo de Cristo acaba nos impedindo de cumprir o que Deus nos chama para fazer de forma coletiva e individual. Digo isso, porque passei a reparar no quanto muitos evangelistas e missionários não entendem o seu papel e dever nesta Terra.

> Não é sobre fazer justiça baseada no que as pessoas merecem, e sim sobre o quão parecidos estamos com Cristo a ponto de sermos capazes de agir como Ele agiria.

Ser evangelista não é somente ir atrás dos perdidos, mas também ativar a Igreja para viver o "Ide" nas ruas, da mesma maneira que vivemos. Necessitamos fazê--lo em parceria com a Igreja, juntos, como família. Na realidade, nunca nos desconectamos dela; continuamos fazendo parte do Corpo. É exatamente o que Paulo descreve em Efésios:

> E ele designou alguns para apóstolos, outros para profetas, outros para evangelistas, e outros para pastores e mestres, com o fim de preparar os santos para a obra do ministério, para que o corpo de Cristo seja edificado, até que todos alcancemos a unidade da fé e do conhecimento do Filho de Deus, e cheguemos à maturidade, atingindo a medida da plenitude de Cristo. O propósito é que não sejamos mais como crianças, levados de um lado para outro pelas ondas, nem jogados para cá e para lá por todo vento de doutrina e pela astúcia e esperteza de homens que induzem ao erro. Antes, seguindo a verdade em amor, cresçamos em tudo naquele que é a cabeça, Cristo. Dele todo o corpo, ajustado e unido pelo auxílio de todas as juntas, cresce e edifica-se a si mesmo em amor, na medida em que cada parte realiza a sua função. (Efésios 4.11-16)

> **Se Jesus, que tinha todos os motivos contrários, decidiu nos perdoar e amar, quem somos nós para não agir assim também?**

O interessante é que Paulo, ao discorrer sobre os cinco ministérios e o propósito deles, não escreve que o objetivo é encher igrejas ou superlotar eventos. Pelo contrário, ele é enfático ao dizer que o propósito de Deus ter levantado todos esses ministérios é para que o Corpo seja edificado, e não as ruas. Não vamos às ruas para edificá-las, mas para ganhá-las.

Agora, além de irmos às ruas, precisamos entender que temos um dever, compromisso e missão para com a igreja local: edificá-la com aquilo que carregamos [no caso dos evangelistas: o fogo e a paixão pelo "Ide"].

Infelizmente, comecei a entender essa verdade só depois que passei a viajar para pregar o Evangelho. Minha primeira viagem aconteceu no Carnaval de 2017; eu me lembro como se fosse hoje. Aquela foi a primeira vez que entrei em um avião para ir a outra cidade a fim de pregar; foi muito especial.

Nesses três anos vivendo integralmente no ministério, viajei toda à nação brasileira e visitei oito países para anunciar a mensagem de Cristo. Nisso, conheci igrejas e teologias de todos os tipos, fiz amizade com várias pessoas diferentes, presenciei curas e milagres, muitos se convertendo e outros tantos voltando para a casa do Pai. Porém, foi nessa viagem [e nas próximas que vieram em seguida] que descobri na prática que a missão de um evangelista não está restrita às ruas, mas intimamente à igreja local.

Durante esse tempo no ministério, vi milhares de evangelistas serem ativados e levantados por Deus, e

> Não vamos às ruas para edificá-las, mas para ganhá-las.

sei que isso não aconteceu por minha causa, mas por conta da Sua vontade para cada uma dessas pessoas. Quando um evangelista pega o microfone durante um culto, sua missão não é trazer apenas uma mensagem que comunica com a vida do descrente para que ele seja salvo, mas também levar a igreja para a realidade que ele está vivendo nas ruas. Afinal, ela também faz parte disso.

Portanto, além de ter um propósito, essa missão também tem um fim. O propósito é que os perdidos sejam encontrados, enquanto o fim nada mais é do que o cumprimento de um chamado coletivo:

> E disse-lhes: "Vão pelo mundo todo e preguem o evangelho a todas as pessoas. Quem crer e for batizado será salvo, mas quem não crer será condenado". (Marcos 16.15-16)

> Portanto, vão e façam discípulos de todas as nações, batizando-os em nome do Pai e do Filho e do Espírito Santo, ensinando-os a obedecer a tudo o que eu lhes ordenei. E eu estarei sempre com vocês, até o fim dos tempos. (Mateus 28.19-20)

O que Marcos e Mateus nos revelam é o imperativo de Jesus em relação à Grande Comissão, tarefa esta que não só precisamos nos responsabilizar, mas também entender que só teremos sucesso em seu cumprimento se estivermos juntos, como Igreja.

> Quando um evangelista pega o microfone durante um culto, sua missão não é trazer apenas uma mensagem que comunica com a vida do descrente para que ele seja salvo, mas também levar a igreja para a realidade que ele está vivendo nas ruas.

Nada no Reino de Deus é feito em carreira solo. Não tem a ver com pessoas específicas, mas com Cristo e o Seu Corpo. Muitas pessoas menosprezam o que receberam de Deus como um dom especial porque, aos seus olhos, não se trata de algo tão maravilhoso como o de "fulano" ou "beltrano". A comparação e ingratidão têm minado a alegria e o cumprimento do chamado de muitas pessoas. Se Deus colocou algo em você é porque Ele sabia e queria que fosse você, e não outro alguém. Quando assumimos quem somos individualmente, podemos contribuir para que a missão coletiva seja concluída.

Dentro disso, algo que também reparei nesse processo de união da igreja com os evangelistas [ou quaisquer outros ministérios] é que quanto mais ela se envolve, suporta e abraça aqueles que têm esse chamado, mais passa a conhecer de forma profunda o seu Senhor, e a alcançar a maturidade cristã atingindo a estatura de Cristo. Afinal de contas, ela está cumprindo um dos papéis a que foi destinada como Noiva de Cristo.

Eu não sei se você já assistiu ao filme ou desenho do *Frankenstein*, mas se observar, o corpo daquele monstro é totalmente desproporcional: a cabeça é bem maior que o normal, e todos os outros membros também não têm um padrão. Em 2019, quando assisti ao desenho, reparei nesse detalhe. O Espírito me visitou e disse: "Filho, Eu não quero que o meu Corpo seja assim, desproporcional. Sim, Eu sou o cabeça, mas não quero que vocês, os membros, estejam em desarmonia e desequilíbrio, competindo para provar quem será o maior, o mais forte ou o mais útil. Antes da minha volta, farei o Meu Corpo proporcional a mim". Assim que Ele me disse essas palavras, lembrei de Efésios 4 [como já mencionamos anteriormente], quando Paulo revela a vontade de Deus acerca da estatura perfeita:

> [...] até que todos cheguemos à unidade da fé, e ao conhecimento do Filho de Deus, a homem perfeito, à medida da estatura completa de Cristo, para que não sejamos mais meninos inconstantes, levados em roda por todo o vento de doutrina, pelo engano dos homens que com astúcia enganam fraudulosamente. Antes, seguindo a verdade em amor, cresçamos em tudo naquele que é a cabeça, Cristo, Do qual todo o corpo, bem ajustado, e ligado pelo auxílio de todas as juntas, segundo a justa operação de cada parte, faz o aumento do corpo, para sua edificação em amor. (Efésios 4.13-16)

Para que você entenda ainda mais, antes do fim, da volta de Jesus, Deus está amadurecendo os braços, as pernas, os pés, as mãos e todo o Seu Corpo. Cada ministério, mencionado em Efésios 4, representa uma parte desse Corpo, e os evangelistas estão inseridos nisso também. Isso me empolga muito, porque quer dizer que é da vontade de Deus que esse grupo de pessoas se aperfeiçoe e amadureça cada vez mais, assim como todo o resto de Seu Corpo.

Provavelmente, se você está lendo este livro, é um evangelista ou sente o seu coração queimar por isso, o que é normal, porque, de modo geral, temos a tendência de nos identificar mais com aqueles que têm o mesmo chamado, e com livros ou conteúdos que falem sobre os assuntos que envolvem a nossa missão. Foi pensando nisso que decidi contribuir com o seu aperfeiçoamento, selecionando algumas dicas práticas para a abordagem e evangelismo nas ruas. Porém, o mais incrível é que isso não serve apenas para edificação de evangelistas, mas para qualquer pessoa, afinal o "Ide" é para todos.

Antes de mais nada, você precisa entender que a abordagem representa cerca de 50 a 70% de um todo. Isso significa que, se você não se sair bem na abordagem, provavelmente, o evangelismo não fluirá. Em minha concepção, infelizmente, a Igreja não tem se desenvolvido bem nesse assunto, porque a maioria das comunidades locais se acostumaram a realizar evangelismos coletivos e a distância. Além disso, ela também se acomodou com as pessoas se convertendo nos cultos, e se esqueceu que também existem muitas pessoas nas ruas esperando ter um encontro com o Senhor.

O mundo está se atualizando cada vez mais rápido, e por isso nós também precisamos nos modernizar e reinventar formas mais práticas de abordagem. A Palavra de Deus jamais pode ou será mudada por alguém, mas a maneira como a entregamos pode, sim, ser modificada. Antigamente, por exemplo, os evangelismos eram feitos com panfletos, e funcionava muito bem. Na época, não existia celular, então a probabilidade de alguém ler a Mensagem em um pedaço de papel era muito grande. Mas, hoje, qual é a chance de uma pessoa que passa na rua, correndo ou apressada, diminuir o ritmo para ler algo que foi entregue por alguém que ela nem conhece? É por conta disso que eu sempre me questiono: "Qual é a melhor forma de entregar a mensagem de Cristo?" e "Qual é a melhor maneira de abordar alguém nos dias de hoje para pregar o Evangelho?".

Pensando nisso, aqui vão algumas dicas. Recomendo a abordagem de pessoas que estejam:

1. Sozinhas;

2. Desocupadas;

3. Lúcidas.

Se queremos que alguém ouça o Evangelho através de nós, precisamos discernir e buscar o momento certo para que a Mensagem seja entregue. Nas categorias que mencionei [sozinha, desocupada e lúcida], a probabilidade dessa pessoa ouvir você será maior. Quer falar de Jesus para alguém? Espere que fique sozinha. Quanto mais pessoas estiverem com ela, menor a chance de ouvir ou prestar atenção naquilo que você está falando. Isso serve também para aqueles que estão ocupados, seja no celular, com o trabalho ou sob efeitos de drogas.

Por outro lado, não recomendo a abordagem de pessoas que estejam:

- Andando;

- Comendo;

- Conversando entre si;

- Bêbadas ou sob efeitos de drogas [sem lucidez].

Não sugiro porque, como comentei, a probabilidade dessa pessoa ouvir ou dar a devida atenção que você precisa é muito baixa. Entretanto, é essencial deixar claro que essas são algumas dicas para facilitar, não doutrinar. A minha intenção é compartilhar algumas sugestões como ajuda nesse processo, e não estabelecer regras. A ideia é que você tenha o Espírito Santo como o seu guia e permitir que Ele o conduza conforme a Sua vontade. Pode ser que Ele guie você a abordar pessoas que estão no grupo daqueles que eu não indico, por exemplo. Isso já aconteceu comigo.

No final de 2019, fui a um festival muito grande de música eletrônica, que parecia muito uma rave. Cheguei lá com uns 30 evangelistas do nosso ministério, Céu na Terra, e nos espalhamos para pregar o Evangelho. A maioria das pessoas naquele festival estava sob efeito de drogas sintéticas e muito pesadas. Então, assim que comecei a procurar alguém para abordar, na mesma hora, coloquei em prática as dicas que eu mencionei aqui para filtrar quem estava mais "apto" para ouvir as Boas Novas. Contudo, por meio de uma visão, o Espírito me interrompeu e mostrou um jovem que estava sentado com uma seringa na mão, prestes a aplicar uma droga na veia. Rapidamente, passei a procurá-lo e à medida que o tempo passava, o meu coração acelerava ainda mais. A adrenalina estava a mil em meu corpo. Eu nunca tinha pregado para alguém que estava prestes a aplicar droga na própria corrente sanguínea. Depois de alguns minutos procurando, eu o achei: com uma seringa na mão, procurando a melhor veia para aplicar LSD.[4]

Olhei para ele e perguntei para o Espírito Santo: "E agora?". Então, Ele me disse: "Esse cara conhece você. Quando ele olhar para o seu rosto, vai levar um susto. Só aguarde, da mesma forma como você está". Não passou muito tempo, o jovem olhou para mim e, sem reação, no mesmo instante, largou a seringa. Sua

---

[4] Sigla de *Lysergsäurediethylamid*, palavra alemã que se refere a uma droga sintética altamente alucinógena e nociva.

feição mudou, ele ficou de pé e com as mãos na cabeça, disse: "Não acredito! Você tá aqui?". Eu me aproximei dele e impelido pelo Espírito, respondi: "Sim, vim por você! Jesus ama muito você!". Aquele jovem me abraçou e começou a chorar, e, apesar de estar alterado por conta das drogas (LSD, cocaína e maconha), estava recebendo o amor do Pai naquele momento. Ficamos duas horas conversando; a festa dele tinha acabado ali.

Descobri que ele me acompanhava nas redes sociais e sempre quis aparecer em uma reunião do Céu na Terra, mas nunca havia conseguido. Inclusive, já havia até mandado duas mensagens para mim no privado do Instagram, mas eu não tinha visto.

André[5] estava afastado de Jesus fazia sete anos e não esperava encontrar um cristão em uma balada. Ele era um dos maiores usuários de drogas da minha cidade, e havia sido preso algumas vezes. Naquele dia, eu o deixei em casa, e resumi o Plano da Salvação para ele. O efeito das drogas tinha cessado e ele não só conseguiu prestar atenção, como decidiu voltar para Jesus e até hoje está com Ele.

Aquele foi, sem dúvida, um dos melhores dias da minha vida. Ali, ficou claro que Deus tinha me levado àquele festival apenas por ele. O curioso é que, além de estar sob o efeito de drogas, ele também não estava sozinho, e, sim, sentado com vários amigos ao seu redor. Sinceramente, se não fosse pelo Espírito

---

[5] Nome fictício para proteção do personagem.

Santo, eu, talvez, nunca abordasse o André, afinal ele não estava dentro das recomendações que eu costumo seguir ao evangelizar alguém. Mas o Senhor mudou tudo. E mesmo em meio ao que parecia ser o cenário para um completo fracasso, Ele transformou em algo bom, porque queria encontrá-lo. Portanto, siga as recomendações, mas, principalmente, esteja atento às direções de Deus. Não fique preso a protocolos de maneira que você não permita que o Espírito Santo bagunce tudo e faça o que Ele quiser.

Ainda a respeito da abordagem, separei algumas outras dicas, que julgo ser muito importantes e básicas, sobre o que **não fazer** em um evangelismo:

1. TOCAR NAS PESSOAS

Apesar de a cultura brasileira ser muito calorosa e, naturalmente, sermos pessoas abertas, simpáticas e carinhosas, muitos não reagem bem ao toque nesses casos e, por isso, precisamos ser cautelosos. Em boa parte da Europa, por exemplo, o toque é restrito para amigos e familiares, e se um estranho chega tocando em um europeu, a reação deles não é das melhores. Apesar de nós, brasileiros, sermos mais receptivos, o princípio permanece o mesmo; evite tocar nas pessoas que está evangelizando.

2. ABORDAR ALGUÉM E JÁ SAIR FALANDO DE JESUS LOGO DE CARA

Nós não somos robôs evangelistas, somos gente, seres humanos. Por esse motivo, precisamos ser gentis e amigáveis. Nada melhor que um cumprimento com simpatia antes de iniciar uma conversa. Além disso, lembre-se de que aqueles que você abordará não são números, mas pessoas com sentimentos, histórias, contextos, traumas e alegrias. Não tente enfiar Jesus goela abaixo, não precisamos disso. Escolha se interessar por essa pessoa, aja naturalmente, e seja guiado pelo Espírito Santo para discernir a melhor forma de acessar o coração dela.

3. CHAMAR A PESSOA PARA IR À SUA IGREJA OU CÉLULA

Muitos caem nesse erro e aqui mora um problema bem grande, porque várias pessoas, hoje, estão feridas e machucadas com

> Precisamos nos preparar no natural para abrirmos espaço para que o sobrenatural aconteça. Não se engane: Deus não chama desocupados.

a igreja. Por isso, seja cauteloso nessa questão. Primeiro, sonde a pessoa e se você perceber que ela tem um pé atrás com a Igreja, ganhe-a para Jesus, torne-se seu amigo(a) para, então, só depois convidá--la para a sua igreja ou grupo pequeno. Se invertemos essa ordem, corremos o risco de perder para sempre o contato com a pessoa que evangelizamos.

Além dessas dicas, algo crucial é a nossa preparação espiritual. Podemos desenvolver relacionamento com as pessoas e até sermos simpáticos e bons de papo, mas a verdade é que se não tivermos relacionamento com Deus, não teremos nada para oferecer. As pessoas não querem teoria, elas querem verdade; a Verdade. Mas como podemos dar algo que não temos?

Aprender a ouvir a voz de Deus e nos alimentarmos da Palavra [não apenas para saber versículos de cor, mas porque queremos de fato conhecê-lO mais] são fatores decisivos e inegociáveis na nossa caminhada cristã, e também, consequentemente, quando o assunto é evangelismo.

Por fim, vale comentar também que podemos e devemos dar passos de fé no natural e nos preparamos para o que Deus nos mostrou, ainda que essa realidade não tenha previsão de acontecer em breve. Se Ele lhe disse que você pregará o Evangelho na Índia ou França, por exemplo, o que você tem feito para se desenvolver e preparar para esse momento? Você já tem passaporte? Já é fluente ou, pelo menos, intermediário em francês ou inglês? Conhece as culturas locais?

Não pense que só porque recebeu uma palavra de Deus tudo cairá do Céu. Precisamos nos preparar no natural para abrirmos espaço para que o sobrenatural aconteça. Não se engane: Deus não chama desocupados.

Pai, não quero viver minha vida sem estar conectado a uma igreja local e sem amá-la como o Senhor a ama. Quero contribuir como um evangelista, ensinando e empurrando a Igreja para viver o "Ide" do Senhor nas ruas, então aumente em mim o senso de responsabilidade que eu carrego como um evangelista do Senhor. No nome Jesus é que eu
oro, amém.

Capítulo 9

OS ÚLTIMOS DIAS E A COLHEITA DE ALMAS

Por fim, chegamos ao último capítulo deste livro. E me alegro por você ter caminhado até aqui comigo. Creio que o melhor sempre fica para o final! Aliás, neste momento, eu escrevo em um tempo muito específico da História, que marcará para sempre a humanidade: a pandemia de Covid-19.

Eu não sei qual foi o seu sentimento quando tudo isso começou a acontecer no mundo, mas entre os vários que eu tive, os principais foram de susto e surpresa. Certamente, você se sentiu assim também. Digo isso, porque acredito que ninguém esperava que esse vírus causaria uma pandemia.

Eu me lembro de quando li a primeira notícia sobre o assunto, em janeiro de 2020, enquanto estava no aeroporto de Londres, voltando de uma viagem missionária. Li, reli, mas não me preocupei, afinal pensei que não daria em nada, até mesmo para a China.

> Imaginava que em 2020 ganharíamos multidões de pessoas para Jesus nas ruas, festas, boates e *raves*.

Inclusive, no dia, deparei-me com vários chineses e orientais no aeroporto, mas como a doença estava muito no início, eu não me importei tanto. Cheguei ao Brasil empolgado demais para encontrar o meu time do Céu na Terra, que havia se dividido para ir a missões e estava voltando de várias partes do mundo.

Nessa época, o evento que eu mais ansiava estava prestes a acontecer: o The Send[1]. A minha mente estava a mil por hora, e eu não podia estar mais empolgado. Imaginava que em 2020 ganharíamos multidões de pessoas para Jesus nas ruas, festas, boates e *raves*. O mês de fevereiro apontava para isso, os sinais e ventos sopravam para esse cenário. Até porque, mesmo antes disso tudo, já estávamos ganhando almas para Jesus até nos lugares mais obscuros.

Por conta disso, o meu entusiasmo passou a crescer gradativamente à medida que via a Igreja brasileira amadurecendo e avançando [mesmo enfrentando alguns problemas]. Casas de oração sendo abertas, bases missionárias nascendo, multidões vindo a Jesus

---

[1] O The Send é um movimento de cunho missionário que visa despertar uma geração para a importância do envio de pessoas para alcançar nações levando os valores do Reino de Deus. A segunda edição do evento resultante desse movimento aconteceu em fevereiro de 2020, no Brasil.

em cultos, praças e ruas, e o Evangelho crescendo em toda a Nação. Na realidade, a empolgação era geral na grande maioria dos cristãos que tinham [e têm] fome e sede de Deus. Se virarmos as costas e tentarmos relembrar o passado, identificaremos que tudo isso que está acontecendo não começou agora e em nós, mas em outros, e há muitos anos. E, com "tudo isso", refiro-me ao avanço da Igreja e seus frutos.

Eu acredito que, já há algum tempo, Deus estava levantando homens e mulheres para plantarem e regarem com lágrimas tudo o que estamos colhendo hoje no Brasil. O comprometimento com a oração, leitura da Palavra e jejum dos que vieram antes de nós nos possibilitaram experimentar tudo isso agora. Assim, ano após ano, a Igreja brasileira começou a viver e a sentir esse avanço, fazendo, inclusive, com que os cenários ruins dentro e fora dela mudassem.

Então, depois do The Send, milhares de células e pequenos ajuntamentos de cristãos nasceram em escolas e faculdades. Milhares se "alistaram" em bases missionárias a fim de serem enviados para as nações. Enquanto outros milhares receberam a confirmação em seus corações de que

> Deus estava levantando homens e mulheres para plantarem e regarem com lágrimas tudo o que estamos colhendo hoje no Brasil.

deveriam se engajar na adoção de crianças e jovens. Algo nunca antes visto no Brasil.

Porém, de repente, o inesperado veio à tona. Em março de 2020, a Covid-19 tomou o mundo, instalando o caos na maior parte do planeta. Para muitos cristãos, esse acontecimento foi como um banho de água gelada [pior do que fria], afinal, estávamos vivendo um embalo incrível como Corpo de Cristo. O problema é que, com isso, muitos, até mesmo os da Igreja, acabaram se desesperando e encarando a crise como o fim ou frustração dos planos de Deus para o mundo.

Entretanto, apesar de todos os desdobramentos horríveis que essa doença trouxe em escala global, é lógica e biblicamente impossível que uma pandemia, ou qualquer outra crise, por pior que seja, impeça o avanço do Reino de Deus. Não importa a dimensão do problema, a nossa opinião, o que as notícias ou as pessoas estão dizendo: nada pode atrapalhar ou minar o mover e a vontade de Deus.

Dessa forma, em primeiro lugar, é essencial compreendermos que Deus é soberano e está no controle de tudo. Dizer o oposto é ir contra as Sagradas Escrituras. E eu dou graças a Deus por Ele ser quem tem o controle de tudo em Suas mãos, porque se isso fosse um encargo nosso, estaríamos completamente perdidos.

"Deus está no controle". Quem nunca ouviu essa frase ou até mesmo já se pegou fazendo uso dela em situações complicadas? Por outro lado, não sei se reparou, mas essa mesma frase foi pouquíssimas vezes utilizada, e até mesmo compreendida, neste tempo de quarentena. E acredito que tenha sido justamente por esse motivo que muitos perderam a paz e pensaram que tudo tinha ido por água abaixo. Deus já sabia que isso aconteceria [afinal, Ele está fora do nosso tempo] e permitiu tudo. É evidente que o Senhor não castigou a humanidade com essa doença, matou pessoas, causou o desemprego de outras, ou sentiu prazer com todo esse desastre mundial. Mas Ele, certamente, permitiu que essa situação acontecesse.

Afirmar que Ele não sabia ou perdeu o controle é tirá-lO do centro e colocar o Homem em Seu lugar. Algo precisa ficar claro: Deus não perdeu o controle do mundo. Precisamos descansar nesse entendimento, na soberania e onipotência de Deus.

Em segundo lugar, não é a primeira vez [nem será a última] que catástrofes, perseguições e crises tentam frear o avanço do Reino de Deus. Se nos atentarmos para a Bíblia e para a História da Igreja, comprovaremos facilmente essa verdade. Aliás, o que eu percebo é que não só o caos e a crise não têm poder para tardar o avanço do Reino de Deus aqui na Terra, como ouso dizer que eles contribuem, e muito, para que o avanço aconteça.

Além da base bíblica, a História nos conta que foi nos séculos XIV, XV, XVI, XVII e XVIII que a Europa mais experimentou o poder de Deus e viu a ascensão de homens, como John Knox, George Whitefield, John Wesley, Jacob Armínio, João Calvino, Charles Spurgeon, Jan Huss, Martinho Lutero e tantos outros. Homens que são lembrados até hoje pelo que viveram com Deus e fizeram por Ele. Nunca a Igreja europeia viu tantas pessoas sendo salvas como durante esses séculos, e isso aconteceu porque Deus os convocou e eles decidiram responder ao chamado divino para encabeçarem esses movimentos.

Whitefield, por exemplo, durante a sua vida, pregou pelo menos 18.000 vezes, atingindo cerca de dez milhões de ouvintes.[2] Charles Spurgeon, mais conhecido como Príncipe dos Pregadores, tinha os seus sermões impressos 20.000 vezes por semana e traduzidos em 20 idiomas.[3] E o que falar de John Wesley? Ler sobre ele me faz chorar. Assim como todos esses homens, ele é uma das minhas maiores inspirações. Eu me identifico muito com ele. Todos os anos, de carruagem ou a cavalo, Wesley percorria mais de seis mil quilômetros pela Europa para pregar. A Inglaterra e Irlanda foram abaladas por Deus através dele. Em toda a sua vida, ele pregou cerca de 40.000 sermões. Até a

---

[2] **George Whitefield, Spellbinding Evangelist of the Great Awakening.** Publicado por *Learn Religions* em 25 de junho de 2015. Disponível em *https://www.learnreligions.com/george-whitefield-4689110*. Acesso em maio de 2020.
[3] **Charles Haddon Spurgeon.** Publicado por *Publicações Pão Diário*. Disponível em *https://publicacoespaodiario.com.br/autores/charles-haddon-spurgeon/*. Acesso em maio de 2020.

sua morte, em 1791, ele continuou fazendo campanhas e se envolvendo nas discussões sobre temas sociais, como a reforma das prisões e a educação universal. Sua frase mais marcante certamente é: "Considero o mundo inteiro a minha paróquia".[4]

Todos eles gastaram e queimaram as suas vidas por amor a Jesus e aos perdidos, por esse motivo são lembrados e mencionados ainda hoje. Eles deixaram um legado que afeta até mesmo a nossa realidade atual. Entretanto, tudo isso aconteceu em tempos muito difíceis.

O caos e a crise, em todos os âmbitos, estavam presentes: fome, doenças, prostituição, miséria, corrupção, mortes, e a lista não para. Foram nesses séculos de glória para a Igreja europeia que a Europa mais sofreu, inclusive com uma pandemia, na época, a Peste Negra, que matou cerca de 150 milhões de pessoas e deixou milhões de famílias arrasadas.[5] Não só isso, mas a praga afetou toda Europa econômica e socialmente. Foi um desastre.

Mas o interessante é que se nos atentarmos para esse trecho da História da Europa e da Igreja, podemos

---

[4] **Conheça a história de John Wesley, o homem que provocou avivamento na Europa.** Publicado por *Guiame* em 8 de junho de 2018. Disponível em *https://guiame.com.br/gospel/mundo-cristao/conheca-historia-de-john-wesley-o-homem-que-provocou-avivamento-na-europa.html*. Acesso em maio de 2020.

[5] **O vilarejo que conseguiu derrotar a peste negra.** Publicado por *BBC* em 20 de novembro de 2015. Disponível em *https://www.bbc.com/portuguese/noticias/2015/11/151120_vert_tra_peste_negra_lab*. Acesso em maio de 2020.

nos encher de esperança e coragem. A Peste Negra nasceu na China, assim como o novo coronavírus, que causa a infecção de Covid-19,[6] e chegou à Europa antes da Reforma Protestante.[7] Alguns poucos homens de Deus já estavam sendo levantados, como Jan Huss na Alemanha (1369); Ulrich Zwingli (1484); John Wycliffe (1325); e alguns outros. Esse movimento, que erguia a bandeira do Evangelho, já estava pairando sobre a Europa, mas, de repente, o caos se instalou: a Peste Negra.

O panorama era muito parecido com o que temos vivido atualmente, porque se olharmos pelo retrovisor, como mencionei, era inegável como Deus estava soprando algo glorioso sobre o mundo, principalmente sobre nós, brasileiros. Da mesma forma que acontecia com a Europa antes da Peste Negra, Deus já estava levantando e sacudindo a Sua Igreja antes da Covid-19. Isso é impressionante! A similaridade nos cenários e no contexto me causa uma empolgação e entusiasmo enormes. Empolgue-se comigo!

Isso me faz pensar que, muitos cristãos, no início da propagação da Peste Negra, certamente também se assustaram e devem ter imaginado que, por algum

---

[6] **Peste Negra**. Publicado por *Brasil Escola*. Disponível em *https:// brasilescola.uol.com.br/historiag/pandemia-de-peste-negra-seculo-xiv.htm*. Acesso em maio de 2020.

[7] **A reforma protestante do século XVI**. Publicado por *Centro Presbiteriano de Pós-Graduação Andrew Jumper*. Disponível em *https:// cpaj.mackenzie.br/historia-da-igreja/reforma-protestante/a-reforma-protestante-do-seculo-xvi/*. Acesso em maio de 2020.

momento, tudo o que Deus estava fazendo iria por água abaixo ou, no mínimo, perder a velocidade, assim como muitos de nós pensaram ou pensam a mesma coisa neste momento de pandemia.

Com o resumo dos acontecimentos dessa época da Igreja europeia e da Europa em si, eu quero reforçar uma verdade profunda e empolgante: os ventos contrários são necessários para que nós experimentemos a glória que Deus quer derramar nesses dias.

Um avião decola quando entra em contato com os ventos contrários. É quando a aeronave se choca com esses ventos opostos que, então, "bum": ele começa a voar. Isso significa que o fato de a Igreja global estar a mil por hora, somado aos ventos contrários que têm nos atingido atualmente, só pode resultar no impulso de sermos levados a voar mais alto ainda.

> Era inegável como Deus estava soprando algo glorioso sobre o mundo, principalmente sobre nós, brasileiros.

A Bíblia também nos conta e fortalece essa realidade dos ventos contrários em diversas situações. Em Isaías 6, por exemplo, aconteceu algo muito parecido com o que temos vivido hoje. Leia comigo:

> No ano em que o rei Uzias morreu, eu vi o Senhor assentado num trono alto e exaltado, e a aba de sua veste enchia o

templo. Acima dele estavam serafins; cada um deles tinha seis asas: com duas cobriam o rosto, com duas cobriam os pés, e com duas voavam. E proclamavam uns aos outros: "Santo, santo, santo é o Senhor dos Exércitos, a terra inteira está cheia da sua glória". Ao som das suas vozes os batentes das portas tremeram, e o templo ficou cheio de fumaça. Então gritei: Ai de mim! Estou perdido! Pois sou um homem de lábios impuros e vivo no meio de um povo de lábios impuros; e os meus olhos viram o Rei, o Senhor dos Exércitos!". Então um dos serafins voou até mim trazendo uma brasa viva, que havia tirado do altar com uma tenaz. Com ela tocou a minha boca e disse: "Veja, isto tocou os seus lábios; por isso, a sua culpa será removida, e o seu pecado será perdoado". Então ouvi a voz do Senhor, conclamando: "Quem enviarei? Quem irá por nós? " E eu respondi: "Eis-me aqui. Envia-me!". (Isaías 6.1-8)

Essa passagem é uma das mais conhecidas do livro de Isaías e tem muito a nos dizer neste tempo. Eu amo Isaías, porque ele foi o primeiro a anunciar de forma direta e específica a vinda de Jesus Cristo à Terra. Muitos consideram o livro desse profeta como o "quinto evangelho", juntamente com os de Mateus, Marcos, Lucas e João.[8]

O profeta Isaías foi levantado por Deus quando uma crise se instalou em Israel, principalmente em

---

[8] MILLER, Stephen M. **Guia completo da Bíblia**. Niterói-RJ: BVBooks, 2014.

Judá. Isso aconteceu porque o rei Uzias tinha morrido. Na época, ele havia sido um dos principais reis de Judá, e foi justamente em seu reinado que Israel e Judá experimentaram um dos maiores avanços econômicos e de poderio desde a morte de Salomão (cf. 2 Crônicas 26). Então, com a sua morte, uma situação caótica se instalou no meio do povo judeu.

O que me chama atenção é que, no mesmo ano do falecimento do rei Uzias, Deus "abriu" os céus com uma pergunta: "Quem enviarei? E quem irá por nós?". Aquele que ouviu o questionamento, respondeu: "Eis-me aqui, envia-me a mim". Mas por que Deus fez essa pergunta se Ele já sabia que Isaías seria o homem que responderia com um "sim"? Bom, na minha opinião, a resposta para essa indagação é simples: mesmo Deus sabendo de tudo, inclusive do futuro, Ele continua nos fazendo perguntas-chave e nos dando o livre-arbítrio para escolhermos participar do que Ele está fazendo no mundo.

Digo isso, porque perguntas como essas acabam servindo para nos trazer um senso de responsabilidade, temor e empolgação. Você precisa saber disso porque Deus não fez esse questionamento apenas a Isaías. Tenho muita convicção de que Ele continua nos perguntando: "A quem enviarei?".

Em tempos de adversidade, incertezas e desordem, essas perguntas são feitas com mais frequência. O motivo? Quando os gritos de socorro aumentam, a frequência e intensidade do envio de pessoas cresce; aumentando também a colheita de almas. Se vasculharmos as Escrituras Sagradas e a história da Igreja, chegaremos à seguinte conclusão: as maiores colheitas de almas vieram durante ou depois de grandes crises.

> Tenho muita convicção de que Ele continua nos perguntando: "A quem enviarei?".

Isaías 6 é apenas uma das diversas passagens que fundamentam e reforçam a ideia do quanto, em tempos caóticos, Deus intensifica o Seu poder e glória sobre a Terra. Para que uma reforma, em todos os âmbitos, aconteça é preciso bagunça, caos. Assim como é necessário que haja morte da nossa vida pecaminosa para que um avivamento invada a Terra. Afinal, avivamento nada mais é do que "voltar à vida".

Com isso, o que eu quero que você compreenda é que a crise, o caos e as desgraças que nos cercam são apenas uma oportunidade para que Deus derrame da Sua glória, desperte a Sua Igreja, reforme a Terra, em todos os sentidos, estabelecendo, assim, ainda mais o Seu Reino.

Quando olhamos para o cenário atual do mundo, não precisamos se gênios para perceber a desordem tomando conta, tirando a paz e tentando roubar a esperança, saúde, finanças e sonhos das pessoas. Por outro lado, é exatamente agora, que os gritos de socorro têm aumentado, que nós, filhos de Deus, precisamos responder: "Eis-me aqui, Pai, seja lá o que o Senhor quiser fazer mundo afora, de agora em diante, conte comigo, e não me deixe de fora! Por favor, me envie, Pai, me envie".

Há poucos dias, estava pesquisando sobre a situação da Itália e da Espanha durante o surto de Covid-19: as inúmeras mortes e os relatos de quem tinha perdido entes queridos. Tudo o que consegui fazer foi chorar. Chorei muito, muito mesmo. Parecia que eu estava lá e que tinha perdido muitos parentes ou que pessoas próximas tinham sido afetadas pela doença. O meu coração ficou angustiado por alguns dias, com um sentimento de luto, e, mais uma vez, eu disse ao Senhor: "Pai, quando essa quarentena acabar, me envie, eu quero ser enviado para socorrer essas pessoas e falar do Seu amor para elas; eu quero levar o Seu nome às nações, aos perdidos".

> Aqueles que se prontificarem em oração e intercessão pelos povos da Terra, neste tempo, serão enviados no futuro breve.

Nesse momento, Deus está olhando para os nossos quartos de oração, quem está na intercessão pelas nações e quem não está. Aqueles que se prontificarem em oração e intercessão pelos povos da Terra, neste tempo, serão enviados no futuro breve.

Nós não podemos retroceder e nos acovardar a ponto de responder "não" ao chamado de Deus neste momento. Muitas pessoas acabam não se engajando no plano de Deus para suas vidas porque não se sentem capazes de serem enviadas; acabam olhando apenas para si mesmas e ficando paralisadas diante das suas imperfeições. É normal que isso aconteça, afinal o chamado de Deus para nós sempre estará acima das nossas habilidades.

Por isso, na maioria das vezes, senão todas, iremos nos assustar com o chamado do Senhor para nós. Isso aconteceu com Isaías antes do chamado divino que recebeu. A Bíblia nos diz que enquanto ele via a Deus assentado sobre o trono e os anjos cantando: "Santo, santo, santo", o profeta percebeu a sua imundícia e reconheceu que era um homem pecador e falho. Foi somente quando Deus o tocou com uma brasa viva, que ele entendeu que tinha sido perdoado.

> Neste tempo caótico e de crise, Deus está à procura de homens e mulheres inclinados ao arrependimento e santificação, e não de pessoas perfeitas.

Preste atenção nisso: o homem que disse: "Eis-me aqui, envia-me a mim", foi o mesmo que, minutos antes, condenou-se por conta de suas falhas e imperfeições. Deus viu a humildade e o coração inclinado ao arrependimento de Isaías, e isso foi o bastante para que Ele o chamasse ao envio. Entenda algo: neste tempo caótico e de crise, Deus está à procura de homens e mulheres inclinados ao arrependimento e santificação, e não de pessoas perfeitas.

A COLHEITA DE ALMAS ESTÁ NA AGENDA DE DEUS PARA ESTES DIAS

Nós estamos no princípio dos últimos dias da Terra, como comentei ligeiramente na introdução deste livro. Primeiro, você precisa entender que isso é bíblico, e não a minha opinião. Paulo, Pedro e João escreveram a respeito desse fundamento há mais de dois mil anos:

> Filhinhos, esta é a última hora; e, assim como vocês ouviram que o anticristo está vindo, já agora muitos anticristos têm surgido. Por isso sabemos que esta é a última hora. (1 João 2.18)

> O fim de todas as coisas está próximo. Portanto, sejam criteriosos e estejam alertas; dediquem-se à oração. (1 Pedro 4.7)

> Façam isso, compreendendo o tempo em que vivemos. Chegou a hora de vocês despertarem do sono, porque agora a nossa salvação está mais próxima do que quando cremos. (Romanos 13.11)

Nessas três passagens, os autores alertam os cristãos da época a se posicionarem, pois eles já estavam nos últimos dias da Terra. A Bíblia foi totalmente inspirada pelo Espírito Santo, ou seja, o próprio Espírito de Deus entregou esse entendimento à Igreja naquele tempo. Agora, pare para pensar comigo: se os três escreveram essa verdade há mais de dois mil anos guiados pelo próprio Espírito Santo, o que eles escreveriam hoje a nós? É óbvio que escreveriam a mesma verdade, afinal a Palavra é imutável. Mas, se pararmos para pensar, hoje, estamos muito mais perto dos últimos dias do que eles estavam, e compreender essa verdade deve nos causar um entusiasmo santo. Por dois motivos, o primeiro é simples, mas profundo [escreva isso no seu coração]: nós não somos daqui; a nossa casa, a nossa pátria não é a Terra, mas o Céu:

> Se vocês pertencessem ao mundo, ele os amaria como se fossem dele. Todavia, vocês não são do mundo, mas eu os escolhi, tirando-os do mundo; por isso o mundo os odeia. (João 15.19)

Jesus proferiu essas palavras aos Seus doze discípulos, e elas continuam sendo direcionadas aos Seus discípulos de hoje. Se você se identifica como um deles, entenda que a Sua casa está no Céu. Ele é a nossa origem e o nosso destino, assim como a eternidade. Compreender isso com o nosso coração e mente muda tudo dentro de nós, fazendo com que tiremos o foco deste mundo e dos seus deleites terrenos e coloquemos a nossa atenção em Jesus e na eternidade.

Diante disso, talvez você esteja se perguntando: "Mas o que isso tem a ver com os últimos dias?", e eu lhe respondo: "Tudo", porque isso significa que a volta de Jesus está mais próxima e a nossa ida para casa também.

Fundamentei o primeiro motivo, agora fundamentarei o segundo e último. Jesus nos disse que muitos sinais aconteceriam no fim dos tempos. O problema é que, durante anos, a Igreja se atentou somente a alguns deles. Leia comigo Mateus 24:

> Tendo Jesus se assentado no monte das Oliveiras, os discípulos dirigiram-se a ele em particular e disseram: "Dize-nos, quando acontecerão essas coisas? E qual será o sinal da tua vinda e do fim dos tempos?". Jesus respondeu: "Cuidado, que ninguém os engane. Pois muitos virão em meu nome, dizendo: 'Eu sou o Cristo!' e enganarão a muitos. Vocês ouvirão falar de guerras e rumores de guerras, mas não tenham medo. É necessário que tais coisas aconteçam, mas ainda não é o fim. Nação se levantará contra nação, e reino contra reino. Haverá fomes e terremotos em vários lugares. Tudo isso será o início das dores. Então eles os entregarão para serem perseguidos e condenados à morte, e vocês serão odiados por todas as nações por minha causa. Naquele tempo muitos ficarão escandalizados, trairão e odiarão uns aos outros, e numerosos falsos profetas surgirão e enganarão

a muitos. Devido ao aumento da maldade, o amor de muitos esfriará, mas aquele que perseverar até o fim será salvo. E este evangelho do Reino será pregado em todo o mundo como testemunho a todas as nações, e então virá o fim". (vs. 3-14)

Esse é um sermão escatológico de Jesus, e seguindo o que Ele nos disse, fica claro que nos últimos dias sinais seriam vistos, entre eles:

- O amor de muitos se esfriaria;

- A maldade cresceria;

- A fome aumentaria;

- O número de falsos profetas também se expandiria;

- Ouviríamos a respeito de guerras e rumores de guerras.

Por muito tempo, a Igreja se atentou somente a esses sinais. Prova disso é que se abrirmos as redes sociais encontraremos pessoas postando imagens de crianças morrendo de fome na África, de guerras ao redor do mundo, do surto de Covid-19 e tantas outras desgraças com as legendas: "O fim está próximo" ou "Jesus está voltando".

A grande questão é que, se prestarmos atenção somente nesses acontecimentos, corremos o risco "de a volta de Jesus não estar tão próxima assim". Digo isso porque, a meu ver, existiam muito mais guerras, assassinatos e fome nos séculos passados do que hoje. Assim como, em minha percepção, havia mais falsos profetas antes do que atualmente. Portanto, se focarmos apenas nesses sinais negativos da volta de Cristo, erraremos em nossa conclusão sobre os últimos dias, e acharemos que eles serão apenas tenebrosos.

Onde fica, entretanto, o nosso entusiasmo em relação aos últimos dias nessa passagem? Porque o versículo 14 nos traz uma notícia estrondosa e empolgante. Jesus nos disse que, apesar de tudo isso, o Evangelho do Reino de Deus seria pregado a todos os povos e nações e, então, viria o fim. O versículo que carrega a frase "e então virá o fim" é o mesmo que aponta a pregação do Evangelho sendo feita a todos os povos. Ou seja, o principal sinal para a volta de Jesus não é apenas um mundo destruído, mas também uma Igreja gloriosa e apaixonada por Deus e pelas pessoas. Uma Igreja que entendeu que 99 não é 100, e está em intensa pregação do Evangelho, participando da maior colheita de almas de todos os tempos. Isso deve nos empolgar! Se o anúncio das Boas Novas será feito a todos os povos, o Deus do envio deseja, como nunca antes, enviar os Seus filhos para a concretização de Sua promessa.

Precisamos olhar para os outros sinais,

> O versículo que carrega a frase "e então virá o fim" é o mesmo que aponta a pregação do Evangelho sendo feita a todos os povos.

não de maneira que isso nos acovarde, mas como antecessores da colheita de almas. Eles são matérias-primas que Deus usará para o grande envio. Além disso, se somos embaixadores do Reino de Deus e sabemos que Ele tem todo o poder para mudar realidades e transformar verdadeiramente as pessoas, todas essas desgraças são oportunidades de manifestarmos este Reino incrível do qual fazemos parte.

Lembre-se: o caos e as calamidades antecedem o envio da Igreja do Senhor para a colheita de almas.

> São nesses períodos que Deus levanta homens e mulheres para marcarem uma geração.

Sempre que desgraças acontecem no meio de um povo, as pessoas ficam mais sensíveis à ajuda, e essa é uma boa hora para pregarmos e mostrarmos do que o Evangelho genuíno é capaz. Sim, levando as Boas Novas, mas também, sempre que possível, aliviando ou exterminando o mau e as dores físicas, como a fome, sede, doenças, falta de roupas e por aí vai.

Jesus já está convocando os trabalhadores para a colheita. Fazer parte disso depende apenas de você. Não desperdice a sua vida. Não tenha medo. Você não precisa ser perfeito ou ter todas as habilidades do mundo, isso não existe. Tudo o que você precisa é ter um coração sincero, dizer "sim" e manter sempre em mente que 99 não é, e nunca será, 100.

Eu o convido a parar o que está fazendo e se colocar em oração e intercessão diante de tudo o que você aprendeu neste livro, e, principalmente, neste capítulo. Deus deseja como nunca enviar os Seus filhos para a maior colheita de almas de todos os tempos. O desejo de Deus é, em meio a esse caos, levantar homens como Spurgeon, Calvino, Huss, Whitefield, Wesley, Kathryn Kuhlman, Graham e tantos outros.

Não se esqueça: a História da Igreja nos ensina que ela costuma ficar mais fervorosa em tempos de caos. Além disso, são nesses períodos que Deus levanta homens e mulheres para marcarem uma geração. Você deseja fazer parte do exército que está sendo levantado? Se sim, então, ore por isso desde já. Com suas próprias palavras, agora é a sua vez de colocar em prática o que temos exercitado juntos ao longo destes capítulos. Espero, de coração, que Deus tenha abençoado você com esta leitura. Viva os seus dias em função das ovelhas perdidas do Senhor e torne o seu quarto um lugar de batalha por almas. Que Deus o abençoe muito! Até à próxima.

Ah, e se puder, mande uma mensagem para os nossos contatos sobre o que este livro causou em sua vida:

Instagram: @joaopauloz_
E-mail: ceunaterrabsb@gmail.com
Instagram: @editora4ventos

Este livro foi produzido em Adobe Garamond Pro 12 e
impresso pela Gráfica Promove sobre papel Póle Natural 70g
para a Editora Quatro Ventos em setembro de 2023.